健身武术

吴志勇　主编

人民体育出版社

图书在版编目（CIP）数据

健身武术 / 吴志勇主编. -- 北京 : 人民体育出版社, 2021（2023.8重印）
ISBN 978-7-5009-6023-2

Ⅰ. ①健… Ⅱ. ①吴… Ⅲ. ①武术－中国 Ⅳ. ①G852

中国版本图书馆CIP数据核字(2021)第056369号

*
人 民 体 育 出 版 社 出 版 发 行
北京中献拓方科技发展有限公司印刷
新 华 书 店 经 销
*
710×1000 16开本 16印张 321千字
2021年8月第1版 2023年8月第3次印刷
*
ISBN 978-7-5009-6023-2
定价：70.00元

社址：北京市东城区体育馆路8号（天坛公园东门）
电话：67151482（发行部） 邮编：100061
传真：67151483 邮购：67118491
网址：www.psphpress.com
（购买本社图书，如遇有缺损页可与邮购部联系）

前 言

对我国中小学生进行体育与健康教育，提高其健康水平，是党和国家的重大战略决策。中共中央、国务院《关于深化教育改革，全面推进素质教育的决定》中明确指出，“学校教育要树立健康第一的指导思想，切实加强体育工作”。武术是我国民族传统体育中的重要内容，具有悠久的历史和广泛的群众基础，具有养身、健身、防身、娱乐、观赏等多种功能和价值。在中国武术走向世界的大好形势下，如何把健身武术提高到一个新的台阶并更好地服务于社会是武术工作者的迫切任务。

健身武术在学校体育中占有重要位置，是达到学生健康目的的有效手段。健身武术也是贯彻实施《全民健身计划纲要》和《国家中长期教育改革和发展规划纲要（2010—2020年）》的需要。尤其是《“健康中国2030”规划纲要》的推出，更是将人民健康上升到国家战略层面。健康中国建设，是全面建成小康社会、基本实现社会主义现代化的重要基础，是全面提升中华民族健康素质、实现人民健康与经济社会协调发展的国家战略。完成这一宏伟工程需要强大而专业的师资，而师资的培养是体育院校的职责。如何培养体育教育专业、社会体育指导与管理专业、休闲体育专业及体育类相关专业的师资力量，对中小学生、其他中等专业学校学生及社会武术健身人群进行武术教学和指导，使他们系统地掌握健身武术的基本理论、方法和手段，是编写本教材的目的所在。

本教材是在广泛参阅近年来相关文献资料、武术科研成果以及教学经验总结的基础上编写而成的，因此，教材结构、内容具有新颖、实用和针对性强的特点。新颖表现在力求反映健身武术的新理论、新知识、新信息。实用和针对性表现在本教材的内容围绕健康教育和终身体育培养这一主题，注重学生武术综合能力的培养。这一思路是与社会体育指导与管理专业、体育教育专业和休闲体育专业的培养目标，以及体育类相关专业有志于学校体育教学工作的学生需求相一致的。较之原有的武术教材，本教材在内容上的创新之处如下：

（1）增强了武术基本理论知识内容。在武术发展简况方面，旧教材只写到1987年，本教材填补了改革开放以来即20世纪80、90年代以及进入21世纪以来直至2020年关于武术发展论述的空白，较全面地反映了竞技武术、健身武术在全国乃至世界范围内的发展概况。该内容是学生必须了解和掌握的。

（2）增加了武德修养章节。拳谚讲“未习武，先习德”“武以德立，德以武显”，强调了武德的重要性。通过武德修养的学习，使学生了解传统武德内涵和当代武德内容，从而说明武德教育与现代精神文明建设的一致性和加强武德修养的必要性。武术礼节是武德教育的内容之一，随着中国武术走向世界，武术礼节已在世界范围内施行，在教材中也有体现。

（3）增加了中国武术与中国传统文化关系的章节。中国武术的产生与发展植根于中国古老的土地上，它的形成和发展受到了中国传统文化的影响和滋养，处处体现着中国传统文化的印记。增加诸如武术与传统哲学、军事、医学、传统美学关系的论述，有助于学生了解武术中的民族传统文化内涵，对于提高学生的人文素质是很有必要的。

（4）增加了传统的健身武术功法等有关内容，如健身桩功、五禽戏、八段锦和易筋经等健身养生方面内容。另外，结合技术教学对长拳、太极拳、刀术、剑术和棍术等主要拳械项目的起源发展、运动特点、主要方法、技术要求、锻炼价值等基本理论进行了系统阐述，还对太极拳健身机理、锻炼价值的科研成果进行了介绍。这些内容对于学生学习武术以及对大众练武活动进行科学指导必不可少。

（5）加强了健身武术教学和开展健身武术竞赛活动方法的论述。本教材对健身武术教学理论与方法、武术竞赛理论与方法进行了较为系统的阐述，同时结合健身武术的特点，就其教学竞赛的组织原则、方法以及应注意的问题进行了阐述。

（6）增加了健身武术教学与教法内容。该章节论述了武术教学的特点、教学的阶段与步骤、教学的组织与方法，以及教学中应注意的问题。这些内容对于学生教育实习和从事中学武术教学及其教学能力的培养具有较高的参考价值。

另外，为便于教师授课和学生自学，在每一章的前面都列有内容提要与学习目标，每一章后都列有思考、作业题。

本教材适用于社会体育指导与管理专业、体育教育专业、民族传统体育专业和体育休闲专业等体育类相关专业本科普修、选修武术课使用。理论有关章节也可作为武术专修课参考使用。本教材在编写过程中得到了三峡大学教务处和体育学院领导的大力支持，以及武汉体育学院武术学院专家教授的指导，在此一并表示衷心的感谢。由于教学任务重、时间仓促，加之水平所限，书中难免存在缺点和错误，敬请各位同仁指正。

本教材编写人员：第一、二章为吴志勇、彭云钊、郭曼然；第三、四、七章为吴志勇、莫概能、吴俊奇、骆洁；第五、六章为彭云钊、谢晓艳、莫概能、王路遥；第八章为聂永刚、吴志勇、刘维明、王攀、郭曼然；第九章为彭云钊、吴志勇；第十章为王攀、吴志勇；第十一章为莫概能、彭云钊、吴琼、王路遥、郭曼然、骆洁；第十二章为刘维明、聂永刚、李宗强、吴俊奇。

目　录

第一章 武术运动概述

【内容提要】本章系统论述了中国武术的概念、属性等本质特征和中国武术的内容分类、特点、作用，以及武术的中国传统文化内涵。

【学习目标】通过本章的学习，使学生对中国武术这一民族传统体育有比较深入和全面的认识。明确武术的概念、属性、特点和作用；了解和掌握武术的内容和不同的分类方法。深刻认识武术具有鲜明的民族特色和深邃的文化底蕴，是中华民族创造的文化精粹。

第一节 武术的本质特征

中国武术，源远流长，有着悠久的历史和广泛的群众基础，是中华民族在长期生活和斗争实践中逐步积累和发展起来的一项宝贵文化遗产。了解武术的概念、属性及文化特征对武术运动的发展脉络将更加清楚。

一、武术的概念

武术概念是人们认识研究武术的基本依据。在漫长的历史进程中，不同时期对武术概念的表述不尽相同，它的内涵和外延随着社会历史的发展和武术本身的发展而发展。武术在历史发展过程中曾有过不同称谓，如春秋战国时称“技击”，汉代称“武艺”，清初称“武术”，民国时期称“国术”，中华人民共和国成立后正式命名为“武术”。就其内容和形式，有文字记载的古代武术中舞练形式的套路运动有“打拳”“使棒”“使枪”“戈舞”“矛舞”“刀舞”“剑舞”等单人和集体的演练，以及“枪对牌”“剑对牌”等双人对练。对抗形式的搏斗运动有“角抵”“手搏”“相扑”“击剑”“较棒”“刺枪”等。

从久远年代走来的武术与今天的武术相比较，其所涵盖的内容和形式存在不少差异，但本质属性却是一致的、一脉相承的。从历史上看，早期人类在生存竞争、狩猎及战争中的技能形态与武术初期的技术形态同源同构，甚至在一定时期融会交织，然而二者随着历史的变迁，武术发展至今，体育的功能日渐显著，并归属于体育的范畴，其内容、形式和手段的体育化特点更趋明显，所以现代武术的概念可概括为：武术是以技击为主要内容、以套路和搏斗为其运动形式的注重内外兼修的中国传统体育项目。

二、武术的属性

从广义上讲，武术不单是体育所能涵盖的，武术属于体育，但又高于体育。它所涵盖的内容已远远超出了体育的范围。武术概念中内含的三个属性如下。

（一）武术是中国传统的技击术

武术最早源于狩猎和古代战争，随着不断发展和适应需求，从形式到内容都有很大的变化，但是技击这一精髓却始终不变。“武术以技击为主要内容”正表达了它的本质属性，无论是套路运动还是格斗运动，都离不开攻防，这一特性使它既有别于舞蹈、杂技等运动形式，也有别于体操等体育项目。

当然，技击不是中国所独有，它是人类从本能需要到文明需要必然出现的技能和文化，世界各地的搏斗运动如拳击、泰拳、跆拳道、空手道等也具有技击攻防的属性。而中华民族长期以来，根据实践按照自己的需求，总结出了自己的传统技击术。如徒手的踢、打、摔、拿及器械的击、刺等方法都包含着许多丰富的技击方法。而各地域、各拳种又不尽相同，其中擒拿法、快摔法、十八般兵器的技法等，均有其独到之处。所以，武术的技击属性，反映了武术概念的内涵。

（二）武术是中国的传统体育

武术概念中明确地表达了武术的体育属性。由于千百年来人们从文化需求和社会功能的角度，一直将武术作为健体强身、提高健康水平的手段，发挥它健身和育人的功能，近代以来，武术在军事训练中的作用减小而体育功能日益增强。加之近代文明的兴起，体育蓬勃发展，武术明显地向体育的功能上转变。尤其是中华人民共和国成立后，政府明确武术为体育项目，大力开展群众性的练武活动，成为全民健身活动的重要组成部分，使武术的套路和散打运动更明显地表现出体育的性质。

（三）武术是中国传统文化之一

我们决不能把武术仅仅看作一种技术技能或人体运动，还应从文化属性的角度认识它丰富的文化内涵。武术的发展与它的文化氛围是分不开的。在漫长的历史进程中，它不断受到中国传统文化即哲学、政治、军事、宗教、艺术、医学理论及社会习俗的影响。因此，中华民族独特的思维方式、道德观念、审美情趣、价值取向，以及人生观、宇宙观等在武术中都有集中的反映。

武术概念中的“内外兼修”言简意赅地反映了它的文化属性，使武术超越了一般的体育技术技能层面，它以阴阳哲学为基础，体现了内容丰富的文化内涵，如整体运动观、阴阳变化观、形神论、气论、动静说、刚柔说、虚实说等，形成了独具特色的中国武术文化体系。它既具备了人类体育运动强身健体的共同特征，又具有东方文化特有的哲理性、科学性和艺术性。它是中国文化在人体运动中的表现和载体，从一个侧面辉映出我国民族文化的光彩。“内外兼修”的内涵可从以下三个方面理解：

（1）武术锻炼追求外在的形健和内在的神韵，以达到“形神兼备”。

（2）武术既强调练“外”，又强调练“内”。通过武术的锻炼不仅强健筋骨，还可提高人体的神经系统和内脏机能。通过内外相合、上下相随，追求高度的协调与统一，体现了“内外兼修”的整体运动观。

（3）武术追求德艺双修，既强调技术的精益求精，同时还强调武德的修养。所以，“内外兼修”一语概括地表达了武术的传统文化属性。

总体来说，武术是中国传统的技击术，属于传统的民族体育，又是民族文化的一部分。广义上的武术，是一种包含实用技击的人体文化；狭义上的武术，称为武术运动，是体育运动之一，其内容主要包含套路和搏斗两种运动形式。

第二节　武术的内容与分类

综观有记载的较有代表性的中国武术分类方法，归纳起来有地域分类法、名山大川分类法、姓氏分类法、技术特点分类法等，这些分类方法从某一个侧面展现出武术的内容，但缺少整体性和系统化。

下面介绍形式与类别分类法和功能分类法两种分类方法。形式与类别分类法是通过两种运动形式即套路运动和搏斗运动，内含五个类别，即拳术、器械、对练、集体项目和攻防技术，把中国武术的基本内容进行了归纳。功能分类法是根据武术的教育功能和社会功能而分成竞技武术、健身武术（传统武术）、学校武术和实用武术。

一、形式与类别分类法

（一）套路运动

以技击动作为素材，遵照攻守进退、动静疾徐、刚柔虚实等运动变化规律编成的整套练习形式称为套路运动。套路运动按照演练形式的不同分为单练、对练和集体演练三种类型。其中，单练又包括拳术和器械两类内容。对练包括徒手对练、器械对练、徒手与器械对练三类内容。

1. 拳术

徒手演练的套路运动称为拳术。拳术中又包含许多不同的种类，称为拳种。主要的拳种有长拳、太极拳、南拳、形意拳、八卦掌、八极拳、通背拳、劈卦拳、翻子拳、地躺拳、象形拳等。

（1）长拳：是由手型、手法、步型、步法、腿法、平衡，以及蹿蹦跳跃、闪展腾挪、起伏转折等动作与技术组成的拳术。其运动特点是姿势舒展、动作灵活、快速有力、节奏鲜明。它是竞技武术中的主要项目，传统的长拳有查拳、华拳等。

（2）太极拳：是一种柔和、缓慢、连贯、圆活的拳术。它以掤、捋、挤、按、採、挒、肘、靠、进、退、顾、盼、定为基本运动方法（也称太极十三势），在国内外广为流行，以健身修性为主，也是竞赛项目。传统的太极拳有陈、杨、吴、孙、武等式。

（3）南拳：是一种流行于我国南方各地拳术的总称。拳种流派颇多，广东有洪、刘、蔡、李、莫等家，福建有咏春、五祖等派。主要特点是：拳势刚烈，步法稳固，多桥法，擅标手，常以发声吐气助发力、助拳势。

（4）形意拳：以三体式为基本姿势，以劈、崩、钻、炮、横五拳为基本拳法，并吸取了龙、虎、猴、马、鼍、鸡、鹞、燕、蛇、骀、鹰、熊十二种动物的动作与形象组成的拳术。其运动特点是：整齐简练，严密紧凑，发力沉着，朴实明快。

（5）八卦掌：是以摆扣步走转为主，以推、托、带、领、穿、搬、截、拦等掌法变换为内容的拳术。其运动特点是：沿圆走转，势势相连，身灵步活，随走随变。

（6）通背拳：是以摔、拍、穿、劈、攒五种基本掌法为主要内容，通过圈、揽、勾、劫、削、摩、拨、扇八法的运用所组成的拳术。其运动特点是：出手为掌，点手成拳，甩膀抖腕，放长击远，发力冷、弹、脆、快。

（7）象形拳：是以攻防动作结合模拟各种动物形态或人物形象所组成的拳术，常见的有螳螂拳、鹰爪拳、猴拳、蛇拳、醉拳等。其运动特点是：象形生动，取意体现攻防特点。

2. 器械

器械套路种类繁多，分为短器械、长器械、双器械、软器械四类。短器械主要有刀、剑、匕首等；长器械主要有棍、枪、大刀等；双器械主要有双刀、双剑、双钩、双枪、双鞭等；软器械主要有三节棍、九节鞭、绳镖、流星锤等。下面介绍四种主要的单练器械项目。

（1）剑术：以刺、点、撩、挂、截、穿、崩、挑等剑法，配合步型、步法、平衡、跳跃等动作构成的套路。其运动特点是：轻灵洒脱，身法矫健，刚柔相兼，富有韵律。

（2）刀术：以缠头、裹脑和劈、砍、斩、撩、扎等基本刀法配合步型、步法、跳跃等动作构成的套路。其运动特点是：快速勇猛，激烈奔腾，紧密缠身，雄健剽悍。

（3）枪术：以拦、拿、扎枪为主，兼有崩、点、劈、穿、挑等枪法，配合步型、步法、身法等构成的套路。其运动特点是：走势开展，力贯枪尖，上下翻飞，变幻莫测。

（4）棍术：以劈、扫、抡、戳、撩、挑等棍法配合步型、步法、跳跃等构成的套路。其运动特点是：勇敢泼辣，横打一片，密集如雨，梢把并用。

3. 对练

两个人或两个人以上，按照预定的动作程序进行的攻防格斗套路。

（1）徒手对练：是运用踢、打、摔、拿等技击方法，按照进攻、防守、还击的运动规律编成的拳术对练套路。常见的有对打拳、对擒拿、南拳对练、形意拳对练等。

（2）器械对练：是由器械的劈、砍、击、刺、格、挡、架、截等攻防技击方法组成的对练套路。主要有短器械对练、长器械对练、长与短对练、单与双对练、单与软对练、双与软对练等诸多形式。常见的有单刀进枪、三节棍进棍、双匕首进枪、双打棍、对刺剑、对劈刀等。

（3）徒手与器械对练：是一方徒手，另一方持器械，双方进行攻防对练的套路。常见的有空手夺刀、空手夺棍、空手进双枪等。

4. 集体演练

集体进行徒手、或器械的或徒手与器械结合的套路练习称为集体演练。竞赛中通常要求6人以上，如集体基本功、集体拳、集体刀、集体长穗剑、集体攻防技术等。要求队形整齐，动作一致。可以变换队形图案，还可以配乐。

（二）搏斗运动

搏斗运动是两人在一定条件下，按照一定的规则进行斗智较力的对抗练习形式。包括散打、太极推手和短兵三项。目前在全国广为开展的有散打、太极推手。

（1）散打：是两人按照一定的规则，使用踢、打、摔等技术方法制胜对方的竞技项目。

（2）太极推手：是两人按照一定的规则，使用掤、捋、挤、按、採、挒、肘、靠等手法，双方粘连黏随，通过肌肉感觉来判断对方的用劲，然后借劲发力将对方推出界外或使之倒地以决胜负的竞技项目。

（3）短兵：是两人手持一种用藤、皮、棉制作的短棒似的器械，在直径5.28米的圆形场地内，按照一定的规则使用劈、砍、刺、崩、点、斩等方法以决胜负的竞技项目。

二、功能分类法

功能分类法是依据体育分类法的基本原理和武术发展实际，从宏观的角度运用系统的观点，对中国武术进行分类。它既能反映出中国武术多内容、多形式、多类别的特点，更能反映出其多功能、多层次的特点。功能分类法把中国武术分为学校武术、竞技武术、健身武术和实用武术四大类。武术是体育运动的组成部分，并且早已纳入现代化的轨道，它同其他现代体育项目一样具有教育功能（学校武术）和社会功能（竞技和健身），这种分类法可以真实、清晰地反映出现代武术的格局和发展实际。

（一）学校武术

学校武术侧重体现武术的教育功能，其目的是使学生通过武术的锻炼达到增强体质、增进健康，并使之了解祖国传统文化，达到振奋民族精神、培养优良品质的教育目的。

中华人民共和国成立后，武术成为社会主义体育事业的重要组成部分。党和政府十分重视民族传统体育的开展和推广，使武术得到蓬勃发展。在国家体委和中国武协的领导下，各省、自治区、直辖市建立了武术协会、武术馆、社、研究会、辅导站、业余体校武术班，这些都是传授武术技能的途径。作为武术教育的重要标志是，武术作为体育教学内容走进各级各类学校，特别是普通大、中、小学。目前在大、中、小学开展的教学内容有长拳类的少年拳、青年拳、刀术、剑术、枪术、棍术，还有太极拳、剑、攻防格斗技术及各种健身功法等。另外，还有军事院校、公安学校、警校以擒拿格斗、散打为重点的套路和攻防格斗技术。我们可将这一部分武术称为学校武术。

（二）竞技武术

竞技武术是以创造优异运动成绩为主要目的。国家在这方面进行了大量的工作，如竞赛体制的建立，竞赛规则的制定，裁判法的研究与实施，竞赛规定套路的创编、推广和使用。特别是针对武术中流行最广、最具代表性的长拳、南拳、太极拳剑，以及长拳类的刀、剑、枪、棍等项目进行改造，使之成为能够进行比赛的竞赛项目，这是武术竞赛史上前所未有的创新之举。近年又有传统拳术如形意拳、八卦掌等竞赛规定套路的创编、推广以及国际武术竞赛套路的推出，这些项目与学校武术相比较是层次上的不同，存在着初级与高级之分，简单与复杂之别。竞技套路在动作数量、动作组别、技术难度、编排布局上均有特定要求，所以与学校武术存在明显的区别。同时竞技武术还包括按规则进行比赛的散打、推手、短兵等对抗性运动。

（三）健身武术

健身武术是指除学校武术、竞技武术以外的流行于广大民间的那些源流有序、拳理明晰、风格独特、自成体系的传统武术。这些传统武术的拳种包括拳术、器械、练功方法、对练，以及攻防实战技术（也包括以健身为目的的新编健身套路）。我国人民自古以来就以此作为健体强身、防身自卫、保家卫国、娱乐身心的方法和手段。在现代快节奏及和平安定的生活环境中，把武术作为健身方法和手段已成为人们生活的一大需要。

我国自1983—1986年连续三年进行了全国范围内的武术挖掘整理工作，挖整结果表明，源流有序、拳理明晰、风格独特、自成体系的拳种就有129个，参加这一活动的人口，据有关部门调查是6千万人，占了国家体委统计的体育总人口的一半，可见传统武术最突出的就是它的健身功能。这一功能和它产生的效应不可低估。随着我国经济的快速发展，人民生活水平日益提高，以武术作为健身手段的人数仍处在上升的趋势。现在，成千上万的外国人学练中国武术大都也是为了健身。

（四）实用武术

实用武术是以部队和公安武警为对象的武术。它的特点是简单实用，一招制敌。特警部队、防爆警、公安等在训练内容上主要有四科，即射击、奔跑、游泳和擒拿格斗，其中擒拿格斗技术将散打规则中禁止部位作为重点攻击点，鼓励狠招，以实用为主。

第三节　武术运动的特点和作用

武术运动的特点鲜明，具有攻防的技击性、锻炼方法的独特性、习练的广适性。且其锻炼的价值极高，作用众多，具有养生健身、防身自卫、修心养性、娱乐观赏等作用。

一、武术运动的特点

（一）攻防技击性

武术最初作为军事训练手段，与古代军事斗争紧密相连，其技击特性显而易见。

在实用中，其目的在于杀伤、制服对方，以最有效的技击方法迫使对方失去反抗能力。这些技击术至今仍在军队、公安中被采用。而今武术作为体育运动，是将技击寓于搏斗运动与套路运动之中。

搏斗运动集中体现了武术的攻防格斗特点，在技击上与实用技击基本上是一致的，但是从体育的角度出发，它受到竞赛规则的制约，以不伤害对方为原则。如在散打中，对武术中有些传统的实用技击方法作了限制，而且严格限定了击打部位和护具。短兵中使用的器具也作了相应的变化，而推手则是在特殊的技术规定下进行竞技对抗的。因此，可以说武术的搏斗运动具有很强的攻防技击性，但又与实用技击有所区别。

套路运动是中国武术的一个特有的表现形式，不少动作在技术规格、运动幅度等方面与技击的原形动作有所变化，但是动作方法仍然保留了技击的特性。即使因编排和演练技巧上的需要，穿插了一些不一定具有攻防技击意义的动作，然而就整套技术而言，主要的动作仍然是以踢、打、摔、拿、击、刺诸法为主，是套路的核心内容，因此说武术具有明显的攻防技击性。

（二）锻炼方法的独特性

中国武术在锻炼方法上有其自身的特点，有别于其他体育项目，归纳起来有如下四点：

（1）内外相合的高度协调：武术动作结构复杂，运动方向多变，每个动作既要求手、眼、身、步的协调配合，还要求躯体运动与内在的精神、意识、呼吸的高度配合。长拳中强调“手、眼、身、步、精神、气、力、功”八法协调配合；形意拳讲究“外三合”，即手与足合、肘与膝合、肩与胯合；“内三合”，即心与意合、意与气合、气与力合，进而达到内外“六合”。太极拳要求“以心行气，以气运身”，都是要求锻炼者在运动中达到内外相合、高度协调的目的。

（2）刚柔相间的劲力方法：中国武术用力方法主张亦刚亦柔，认为“纯柔纯弱，其势必削；纯刚纯强，其势必亡”，只有取刚柔之中和，才会生出极其丰富的劲力表现，所谓“刚柔相推而生变化”。为此中国各家拳法特点或以刚为主，或以柔著称，各家拳法的劲力方法或刚中含柔，或柔中带刚，或先刚而后柔化，或先柔而后刚发，充满丰富的劲力特点和变化技巧。

（3）运气调息贯注动作：中国武术十分重视运气和调息的锻炼。武术在调息中注意与动作起伏变化的配合，有所谓“提、托、聚、沉”四法，使呼吸与运动协调配合，以保证动作的完成和运动持久。西方体育在运动中也注意调整呼吸或加深加快呼吸以助发力和加快动作频率。中国武术则重视养气、练气、运气，使气在意念引导之下与动作相合，做到以意导气，便利从心。

（4）气势连贯的整体意识：中国武术在套路演练中十分强调动作与动作的内在联系，在练法上强调势势相承，一气呵成。整套动作不可“断”，动作与动作连接强调停歇顿挫，富于节奏，更要做到“形断意连”“势断气连”，要善于运用内在的心志活动，即心、神、意、气将动作有机地连接起来。就是在格斗中也讲究势势相承，连环成招，令对手防不胜防。

（三）练习的广适性

武术的内容和练习形式丰富多样，不同的形式和内容都有与之相适应的各种练功方法。其动作结构、技术要求、运动风格和运动量相异，分别适应不同年龄、性别、职业、体质的人的锻炼需要，人们可以根据自己的条件和兴趣爱好进行选择练习。同时，武术运动不受时间、季节的限制，场地器材也可以因陋就简，这种广泛的适应性给开展群众性健身活动创造了有利条件。

二、武术运动的作用

（一）增强体质的作用

武术要求精神、意、气与动作内外相合，所以它不仅是形体上的锻炼，而且能够使身心得到全面的锻炼。系统地进行武术锻炼，有助于人体速度、力量、灵敏、耐力、柔韧、协调等素质的增长，对外能够利关节、强筋骨、壮体魄，对内能理脏腑、通经络、调精神。武术的许多功法注意调息行气和意念活动，对人体内环境的调节、人体机能的改善、体质的增强具有明显的效果。

（二）防身自卫的作用

在武术套路和搏斗运动中，技击动作是其主要内容。套路虽然是以演练的形式出现，但它包含了许多攻防中可用的拳法、掌法、腿法、擒拿法和快摔法，经常锻炼不仅是人体机能和素质得以提高，还能增强距离、时机的判断能力，可以起到防身自卫的作用。散打、推手的许多招势动作可以直接用于搏击和防卫，其中许多战术有益于防身自卫能力的增强。

（三）修身养性的作用

进行武术锻炼要常年不懈、持之以恒。长期进行武术锻炼，能够培养坚韧不拔、勇敢无畏及果敢、冷静、坚毅的意志品质。

武术在几千年绵延的历史中，一向重礼仪、讲道德，“尚武崇德”成为学武之人的一种传统教育；诸如尊师重道、讲礼守信、见义勇为、不逞强凌弱、学之有恒、精益求精等，可以培养和陶冶高尚的情操。激烈的攻防技击与人生修养相结合，进而达到修身养性的目的。

（四）观赏娱乐的作用

武术作为东方文化的人体运动，具有很强的艺术魅力和观赏价值。无论是套路运动还是搏斗运动，历来为人们喜闻乐见。唐代大诗人李白诗曰：“起舞拂长剑，四座皆扬眉”；杜甫在《观公孙大娘弟子舞剑器行》的著名诗篇中有“一舞剑器动四方，观者如山色沮丧”的描绘。汉代的“角抵戏”“三百里内皆来观”，宋代的“瓦舍”、明清的“走会”，都充分体现了武术的表演功能。

现代竞技武术套路强调攻防特点，突出高、难、美、新。它所表现的富有生动韵律和气势如虹的招势动作及其演练技巧，以及散手的激烈巧取、推手中的借力发力，都具有极高的表演价值和观赏性，给人以美的享受。

此外，人们还可以根据自己的兴趣和爱好选择适合自己的项目进行锻炼。群众性的练武活动可以成为人们切磋技艺、交流思想、增进友谊的良好形式，既可达到健身的目的，又可达到自娱娱人的目的。

第四节　武术的传统文化内涵

武术在民族文化的摇篮中，不断汲取传统哲学、伦理学、养生学、兵法学、中医学、美学等多种传统文化思想和观念，使之理论内涵丰富、寓意深刻，具有注重德艺双馨、内外兼修和术道并重的民族文化特征。

一、武术与中国传统哲学

中国传统哲学包含着许多学说和流派，其中影响较大的有道家哲学、周易学说、五行学说、太极哲理及孙子哲学等内容。这些学说和观点对武术的发展都给予了深刻的影响。

我国古典哲学的本体论是朴素的唯物主义，它认为道是世界的本源，气是道的体现，并以气的聚散来解释生命的形成，气聚则生，气散则死。在古代武术理论中，气被视为武术的原力和本根，是武术的精微所在。武术的种种外在的形态如武术功能、神韵、绝技等均为气的演化与体现。由于生命的盛衰变化都是气作用的结果，人体气的质量好坏决定着生命状态的优劣，因而气也被视为武术养生的理论基点。

“天人合一”的观点是我国古典哲学的一个基本观点，属于我国古典哲学中本体论的范畴，其特点是从总体上观察事物的思想，这种思想体现了我国民族的文化特色与思维方式。

所谓“天人合一”是指人与自然、人与社会及自我身心内外的和谐统一。武术是人体运动，要达到健身修身的目的，练武实践必须顺应、遵循自然规律，利用自然规律达到与宇宙自然的和谐与统一，以达到完善和提高。

“知行合一”则是武术的认识论的基础。所谓“知行合一”就是指在日常生活中，对事物的认识首先是切身体悟，进而指导实践，认知与实践是统一的、一致的。这一理论在武术中的表述是“学以致用”“直觉体悟”。中国武术是在一定的社会需要下产生的，“学以致用”正是演练武术的宗旨。而武术的意境、神韵等又很难用言语表达，这就要求学者用直觉去领悟、体验，进而把握，这也是我们民族传统思维的特点。

“反者道之动”的方法论构成了武术战略思想的基本原则。其含义是：对立的事物向其反面转化的规律。也就是说，刚能克柔，柔也能克刚，强能胜弱，弱也能胜强。因而，中国武术便要求技击必须符合刚柔相济、阴阳和谐的原则。

由此可见，中国传统哲学对武术的影响极为深远，其他如基于周易哲学的武术阴阳观、以阴阳八卦化生观念为理论基础的八卦掌、以五行学说为理论基础的形意拳、以太极哲理为精髓的太极拳，以及以孙子兵法为指导思想的武术技击战术观等，都有力地说明了中国传统哲学与中国武术的密切关系及对武术的深刻影响。

二、武术与宗教

武术在长期的发展演变中，必然与其他文化现象发生着千丝万缕的联系。宗教在武术的发展过程中产生过一定的作用和影响。其中，由于道教是中国的固有宗教，比其他任何宗教对武术的影响都要全面和深刻。从技术层面来看，道教的服气、行气、导引吐纳之术，直接为武术所借鉴；从精神和理论层面来看，道教的无为、贵柔、主静等思想则指导着武术自身的理论构建和发展，太极拳等内家拳种的诞生就是这种影响的结果。少林武术的显赫则表明了武术与佛教之间具有不解之缘。

三、武术与中国传统医学

武术与传统医学有着共同的哲学方法论基础，并在同一文化领域内相互融合渗透又共同丰富和发展。传统医学是在唯物主义元气论的哲学基础上建立起来的，其根本特点就是它的整体观与阴阳辩证观，并进而提出“精、气、神”为人体三宝的观点，认为三者一体，互相依存。武术则将传统医学的这些理论完整地吸收到自己的理论体系中，逐渐形成了形神合一、内外兼修、内养性情、外练筋骨的养生思想和养生之道。

另外，武术与传统医学的骨伤科也具有密切的关系。不仅中医的理论指导着武术的养生与技击，如传统医学中的点穴、拿脉等直接用于自卫与技击中，而且武术的某些功法也丰富了中医伤科的治疗技法，如中医伤科的“一指禅推拿”“拍打疗法”等。武术与中医的结合，不仅创造了独特的中医养生、功夫按摩、武术伤科、伤科针灸、运动医药、练功疗法等技术成果，以及一大批有关的学术著述，而且这种历史结合必然有力地促进二者在今后的共同发展，走向世界、造福人类。

四、武术与中国古代军事文化

武术与中国古代军事文化有着水乳交融的关系。武术与军事可谓同源之水、同本之木。这是由于二者有着最本质的共同特征，即攻防格斗技术所决定，它们之间的相互渗透与促进不仅表现在技击术上，如兵家练兵多采用武术的练习内容，同时军事战争又促进了武术技术的提高，这种相互渗透与促进更多则是反映在战略战术等基本理论上，如“知己知彼，百战不殆”“避其锐气，击其惰归”等战略战术思想，即使在当今的军事战争和武术竞赛中也同样具有重要的指导作用。

五、武术与中国传统美学思想

中华民族在几千年的文明过程中创造了灿烂文化，也创造了辉煌的艺术，有着丰富的美学思想、美的创造和审美体验，这些对武术有着深刻的影响。中国古代的审美特点，在武术中有着集中的反映。崇尚自然之美，追求艺术的最高理想——神韵；注重武德，强调武术家的人格美等，都是这些特点的直接体现。

“韵者，美之极”。美学思想家把“韵”概括为“超然于世欲之外的节操、气概，从而表现出的神态、风度”。武术运动表现出的“韵”正是一种和谐、整齐且具有节奏的美。它通过十二型，即动如涛、静如岳、起如猿、落如鹊、立如鸡、站如松、转如轮、折如弓、轻如叶、重如铁、快如风、缓如鹰，使各种变化表现得清晰、充分、激烈，使变化层次分明，以表现出醇厚的韵味。

传统美学追求“传神”的意境，把形作为神韵的物质基础，强调形神的高度统一。在武术练习中，强调“形是神的外部表现，神是形的内在实质”，进而达到“形神兼备”。武术通过静态、动态的各种姿势造型和运动过程中肢体在空间的位置变化、劲力的大小、刚柔给予高低、轻重、缓快的艺术加工，从而表现出千姿百态的艺术形象，并给人以美的享受。

思考、作业题

（1）武术的概念是什么？从广义上讲武术具有哪些属性。

（2）“内外兼修”在武术中指哪些方面？

（3）试述武术运动的特点和作用。

（4）武术练功方法的独特性表现在哪些方面？

（5）按照形式与类别分类法列出武术的主要内容。

（6）熟练掌握套路运动、搏斗运动、拳术、长拳、散手、推手等概念。

（7）试述武术与中国传统哲学的关系。

（8）举例说明武术技战术中中国古代军事思想的体现。

第二章 武术简史

【内容提要】本章对武术的起源、武术在中国历代的发展进行了介绍，重点阐述了中华人民共和国成立后、特别是改革开放乃至新千年以来，武术在国内、国际的重大影响和发展成就。

【学习目标】通过本章的学习，使学生了解和认识中国武术的源头可以追溯到我国远古祖先的生产活动中。武术作为独立的文化现象，是同中华民族文明的产生同步的。武术在中国历代发展过程中无不受到当时政治、经济、文化、军事等的影响。

现代武术是我国社会主义文化和人民体育事业的重要组成部分，在国内得到了大力普及和发展，在世界上也产生了重大影响。“源于中国，属于世界”，武术已成为沟通各国人民友谊的纽带和桥梁。健身武术风靡世界，竞技武术正向奥运迈进，作为一种优秀的民族文化和良好的运动项目正在全面走向世界，它必定在全世界大放异彩。

第一节 中国武术的起源

中国武术的源头，可以追溯到我国远古祖先的生产活动中。早在100多万年前，在生产资料异常贫乏、生产力极为低下的条件下，人类为了生存不得不进行采集和狩猎活动。人们在与禽兽的斗争中逐渐形成奔跑、跳跃、拳打、脚踢、躲闪等技法，还拿起石头木棒与野兽抗争。早在50万年前的“北京人”的遗址就发现了大量的原始工具如石刀、石锤、骨器等，正说明了此点。木棒更是广泛使用的武器。原始人类徒手和使用器械本能的、自发的防卫和攻击动作逐渐形成有意识地运用这些格斗技术并加以不断的经验积累，这些击打技能虽然是原始的、低级的，却为武术的形成准备了一定的先决条件。我们将其视为武术的萌芽。

在原始人群的生存竞争中，人与人的格斗与武术的萌生更有着直接的联系。新石器时代末期，由于私有制的产生，氏族部落之间经常发生战争，使用武力就成为掠夺财富、争夺领地的主要手段。古籍记载的黄帝与炎帝的战争、炎帝与蚩尤的战争等都属于原始部族战争，人们手中的武器随作战的需要不断改进。在出土的新石器时代的石镞、骨镞、石矛、石斧、石铲、石槌等多种石兵器中，可以看出，原始战争促进了武器的制作和技击技术的发展。为了适应原始社会战争的需要，把战场上的搏斗经验加以总结置于军事训练之中。在漫长的历史进程中，原始武术与军事斗争紧密相连，结伴而行。

原始社会人们在与自然和疾病的长期斗争中，从生产和军事活动的社会实践中逐步意识到体质的健康在社会生活中的重要作用。他们为了强筋骨、增体力、除疾病，使体质增强以利于生产和军事战斗，于是有了体育的要求。如《吕氏春秋》里“昔阴康氏之始……民气郁阏而滞着，筋骨瑟缩不达，故作为舞而宣导之”。这个记载表明在原始社会氏族公社时代，人们已创作了一种唤作“舞”的运动形式来锻炼身体，以增强体质。

在原始社会出现的猿猴舞、雀鸟舞、熊舞等以模仿动物动作为内容的各种“舞”，《尚书》里把它唤作“百兽舞”。通过“熊经鸟伸”的体育活动达到健身却病的目的。后来的“五禽戏”“象形拳”，即是这种运动的延续和发展。

角抵戏是一种以军事战斗技能为内容且以搏斗形式出现的体育运动。《述异记》记载“蚩尤”部落“头有角……以角抵人，人不能向”。以这种运动来训练战士，并达到增强体质的目的。

由此可见，武术在原始社会随着军事活动和强身除病的需要，成为军事训练和体育的手段。

第二节 历代武术发展简介

武术作为文化现象，同中华民族文明的产生是同步的。商周时期出现了“武舞”，武王伐纣前夕，用武舞来训练士兵，鼓舞士气。周代设有“庠”“序”等学校，其中把射、御、习舞干戈列为教育内容之一。

春秋战国时期，列国争雄图霸，很重视技击术在战场上的运用。春秋初期管仲在齐国招募有“拳勇股肱之力，筋骨秀出众者”（《国语·齐语》）来训练军队。齐桓公春秋两季举行“角试”来选拔天下豪杰俊雄，以勇授禄。

“吴王好剑，百姓多创瘢”（《后汉书·马廖传》），“赵文王喜剑，剑士夹门而客三千余人，日夜相击于前”（《庄子·说剑》）。剑客、剑士、剑家的出现，反映了剑术开始从军事战场脱胎出来，步入宫廷和广大民间，与军中武艺并行不悖。应运而生的剑论在《吕氏春秋》《庄子·说剑》中均有记载，论述精到，至今仍不失光彩。当时锻铸工艺发展，在吴越出现了制剑精良的名师大匠。

秦、汉、三国时期处于中国封建社会的上升时期，政治、经济、文化的发展为武术的多样化发展创造了条件。汉以来盛行角抵、手搏、击剑等。《汉书·武帝本纪》记载：“元封三年春，作角抵戏，三百里内皆来观。”可见当时的角抵作为一种竞技运动形式已为群众所喜欢。随着“宴必兴舞”的习俗，手持器械的舞练形式出现，如

《史记·项羽本纪》记载的“鸿门宴”中项庄以助兴为由拔剑起舞意在刺杀刘邦的故事，便是这一形式的反映。这一时期，有较多的武术著作问世。如班固的《汉书·艺文志》右兵技巧十三家中，就收入了《手搏》六篇、《剑道》三十八篇；武术流派雏形开始出现，如曹丕在《典论·自序》中谈到剑术已有“法”，而且各异，便证实了流派的形成；刀已取代了剑在军事上的地位，而剑却在非军事用途上得到了更大的发展。汉代刀剑之术及相扑、角抵在这一时期也开始东传日本。

两晋南北朝时期，武术在与文化的交融中逐渐与养生相结合。然而由于玄学盛行，追求炼丹与长生不老，其消极影响在一定程度上阻碍了武术的发展。

唐代长安二年开始实行武举制，用考试的方法选拔武勇人才，对武术的发展起到了极大地促进作用。武举制的创立激发了更多人的习武热情，在一定程度上对唐代尚武之风的盛行产生了积极的影响。当时剑术的发展遍及朝野，文人、武将、妇女、道家擅长剑术的人大有人在，如诗人“李白少年学剑术”。诗人杜甫在《观公孙大娘弟子舞剑器行》里对公孙氏的剑术作了十分生动的描述。

宋、元时期以民间结社为主体的民间练武活动蓬勃兴起，如“英略社”“弓剑社”“相扑社”等。社的形成为民间武术传授交流发展创造了有利条件。宋代城市发达，在一些娱乐性的群众游艺场所如“瓦舍”“勾栏”中出现了大量以武卖艺为职业的民间艺人。他们的表演不仅有单练还有对练，极大地促进了套子武艺向表演化方向的发展。

明、清时期是中国武术大发展时期。其重要标志是武术流派林立，不同风格的拳术、器械技艺都得到了空前的丰富和发展，呈现出蓬勃发展的繁荣局面。武术作为军事技术、健身手段及表演技艺的多种价值为人们所认识和利用。

自明代始，以戚继光、程宗猷、茅元仪等为代表，对宋以来的武艺技法和教学训练总结出了较为系统的基本理论。如戚继光的《纪效新书》、何良臣的《阵记》都总结出拳术是学习器械的基础，并且明确提出武术的健身强体的功效。在清代，武术与道教养生的导引术进一步结合，并逐步形成武术内功。在此基础上，太极拳、形意拳、八卦掌等注重内练的新拳种出现并迅速发展。此后，冷兵器在军事上的地位明显消退，由于武术具有健身、防身、自卫的功效，所以能适应时代的变化，逐步成为中国近代体育的有机组成部分。把原来主要是口传身教的武术技术，用文字和图记录下来，作为习武练艺的范本。到了清代，大量的武术专著问世，如吴殳的《手臂录》、程真如的《峨眉枪法》、黄百家的《内家拳法》、张孔昭的《拳经拳法备要》、王宗岳的《太极拳论》等，这些著作中包括拳械的图谱、口诀、技法、拳理及练气诀、养气论等，使武术理论进一步丰富和发展。

明代拳法有三十二式长拳、六步拳、猴拳、八闪翻、内家拳等几十家之多。棍技有少林棍法、紫微山棍、张家棍、青天棍等。枪法有杨家枪法、马家枪法、李家短枪、沙家杆子、六合枪、峨眉枪法、少林枪法等。刀法有单刀、双刀、偃月刀等。剑法有茅元仪《武备志》博采海外所得二十四剑势、郑若曾《江南经略》记载的“剑法六家”，其他还有明程子颐《武备要略》中记载的叉、硬鞭套路等。明代武术套路在种类、内容的丰富和结构、布局、完善严谨上都是前代不能比拟的。到了清代，拳术和器械的种类就有62种之多，包括不同拳种、器械的对练。著名的少林拳、内家拳、太极拳、八卦拳、八极拳均形成于明清时期。

中国武术曾走过一条曲折的道路。军阀混战，政局动荡，各种思想激烈交锋，土洋体育之争，以及连年战火等都影响到武术的发展。但从总体来看，武术仍呈发展趋势，并在中国特定的历史条件下发生了一些变化。

鸦片战争之后，随着火器的大量输入，冷兵器时代的结束，武术的军事实用价值功能弱化，中国传统武术为人重新认识。当时有识之士倡导“强国强民”。一些以研究和开展武术为宗旨的武术社团纷纷建立。如当时上海有“中华武士会”“致柔拳社”“武当太极拳社”等，北京有“北京体育研究社”“中华尚武学社”，天津有“中华武士会”等许多武术组织。1909年霍元甲在上海创立精武“体操学校”，1910年改为“精武体育会”，其规模最为庞大。它以“提倡武术，研究体育，铸造强毅之国民为主旨”，广罗全国武术名家，融合各家之长，消除门户之见，传播推广武术。以上海的总会为中心，逐步向外发展，后来在一些省市建立了精武分会，还在南洋一带建立了海外的精武分会，将中华武术传播到了海外。

民国政府于1928年在南京建立了“中央国术馆”，后相继在24个省市建立了国术馆，县级国术馆达300余家，形成了一个较为完备的国术馆系统。中央国术馆曾在1928年和1933年在南京举办过两届国术国考，进行拳术、长兵、短兵、散打和摔跤的比赛，还组织过一些规模较大的武术表演活动，如1929年的“杭州国术馆游艺大会”及各种国术训练班组织武术学术研究活动，创办了《国术旬刊》等，对当时武术发展起到一定的作用。19世纪末20世纪初，随着西方体育大量传入中国，体育在学校的位置得到确立，一些学校相继在体操中增添了武术课。

1936年8月，第11届奥运会在德国柏林举行，由11人组成的中国武术队前往表演，有太极拳、拳术、器械的单练和对练，历时一个小时，博得万余观众的赞誉。武术队还应邀到法兰克福和慕尼黑进行表演，反映十分强烈。武术队的表演向世界体坛展示了中国武术，揭开了近代武术对外交流的序幕。

第三节　现代中国武术发展概况

中国现代武术发展迅速，从中华人民共和国成立后至今，武术已成为我国社会主义文化和人民体育事业的重要组成部分。武术在国内得到了大力普及和蓬勃发展，而且走向世界，为世界人民所喜爱。

一、武术在国内的普及和开展

早在1952年，毛泽东同志为中华全国体育总会第二次代表大会题词，“发展体育运动，增强人民体质”，给中国的体育发展指明了方向，并号召：“凡能做到的，都要提倡做体操、打球、跑步、爬山、游水、打太极拳及各种各色的体育活动。”这一时期，从武术的管理机构、竞赛制度、挖掘整理、群众性武术活动、学校武术、科学研究等方面取得了长足的进步与发展。

（一）建立了武术管理机构

1950年，中华全国体育总会召开了武术座谈会，倡导发展武术运动。1953年，在天津举行了“全国民族形式体育表演及竞赛大会”，武术是这次大会的主要内容。为了推动武术及民族形式体育的发展，国家体委成立后，下设武术竞训处，领导和管理全国的武术活动。1956年中国武术协会在北京成立，其任务是团结全国武术工作者继承、发掘、研究整理武术遗产，推动群众性武术运动，开展科研活动，宣传武术知识，协助国家体育部门研究审定武术竞赛规则，组织全国性武术比赛，审定考核等级教练员、裁判员，开展国际武术交流活动和友好往来。

1986年3月，国家体委武术研究院在北京正式成立，主持全国的武术工作。

1982年12月，在北京召开了首次全国武术工作会议，这是中华人民共和国成立以来规模最大、最重要的一次全国武术工作会议。会议总结了三十几年来武术工作的经验，制定了新的历史时期发展武术工作的方针政策和任务，为武术工作指明了方向。

1986年，国家体委武术研究院在北京召开全国武术训练工作座谈会，明确提出“突出项目特点，加强攻防技能，严格动作规格”的武术技术训练发展方向。

1994年12月，在天津又一次召开了全国武术训练工作会议，进一步明确了武术的技术发展方向，着力改革和完善武术的竞赛办法，大会讨论通过了《武术裁判员管理办法》《中国武术段位制》等文件。

国家体育总局武术运动管理中心于1994年设立，直属国家体育总局，是国家体育总局实施对国内武术工作进行全面管理的机构。

（二）武术竞赛制度不断完善

1956年，中国武术协会成立后，武术即定为表演项目，并在北京举办了12个单位参加的武术表演大会，开始试行打分的方法。1957年，第一次把武术列为国家体育竞赛项目。之后，每年都举行全国性的武术比赛和表演。

由于历史原因，武术事业曾遭到严重摧残。1972年以后，武术同其他一些体育项目开始恢复，全国性的武术比赛和表演在停顿了6年之后又开始举办。1972年11月在济南举行的全国武术表演大会，表演项目达1000多个，包括各种拳术和器械的单练、对练、集体基本功的表演。套路自选项目在结构、难度、腾空和跳跃上有了较大的突破。在比赛中突出了速度和节奏，技术有了新的发展。1974年8月又在西安举行了全国武术比赛大会。1975年9月在北京举行了第三届全国运动会，武术比赛按团体、全能、单项和集体表演进行。

1976年以后，我国体育工作迅速恢复，武术也开始出现新的局面。1977年、1978年先后在内蒙古、湖南湘潭举行了全国武术比赛，以套路为主的竞赛项目技术水平有了较大提高，武术运动得到进一步发展。1979年以前，我国武术竞赛基本上是以套路为主的单一竞赛形式，随着武术的发展，加速了武术竞赛制度的完善。

（1）套路竞技比赛：套路竞技比赛逐渐形成了以甲、乙级队团体、个人锦标赛，少年“武士杯”比赛，太极拳、剑、推手赛等为主要形式的竞赛制度和以武术馆、校为对象，以及民间传统武术内容的竞赛，构成了较为完善的全国武术竞赛制度，基本上满足了不同年龄、不同层次水平、不同兴趣爱好的人们的需要。

自1958年国家体委制定了第一部以长拳、太极拳、南拳为竞赛内容的《武术竞赛规则》至90年代制定的1991年、1996年竞赛规则，武术竞赛规则历经了七个版本。武术套路竞赛规则的不断修改，促使武术套路竞技水平向前发展。根据国内、国际武术发展的需要，于2002年又推出了一部新的武术套路竞赛规则。新的武术套路竞赛规则的推出和采用必将对武术套路竞技水平的进一步提高将产生深远的影响。

1985年1月，国家体委颁布了《武术运动员等级试行标准》，分为武英级、一级武士、二级武士、三级武士、武童五个等级，迄今已有464名优秀运动员获得武英级称号。

（2）散打竞技比赛：1979年3月，国家体委决定将散手列为试验项目。1980年初步形成散手竞赛规则后，在北京举行了首届全国武术对抗项目表演赛，经过七届表演赛试验，国家体委于1989年颁布了《武术散手竞赛规则》，并开始正式举办全国武术散手擂台赛。1990年又颁布了《武术散手运动员技术等级标准》。

全国武术擂台赛的举行，标志着一个以武术套路及武术散手竞赛为基本框架的新的全国武术竞赛制度的产生，从而改变了以往只搞套路单一竞赛制度，丰富了武术的竞赛内容。武术散手自1993年第七届全运会起被列为正式比赛项目。

从1994年开始举办“全国大学生武术比赛”。武术在“全国少数民族运动会”“全国大学生运动会”“全国农民运动会”都被列为正式比赛项目。

（3）武术功力大赛：2004年11月20日在广东省佛山市举行了首届全国武术功力大赛，21日落下帷幕。来自安徽、山东、河南、四川、北京、黑龙江、江苏、福建、河北、上海、辽宁、上海体院、武汉体院、广州体院、徐州师范大学体育学院、北京体育大学、河南省洛阳师范大学体育学院，以及东道主广东省佛山市的共21支代表队参加了比赛。共有133位运动员参加了6个规定竞赛项目和4个自选项目的角逐。总赛项共222人（项）次。此外，还有4位特邀代表作了精彩的表演；来自香港的狮子山联队6位运动员表演了砖上较技等4个项目。2005年11月在深圳举行了第二届全国武术功力大赛。“练拳不练功，到老一场空。”此处所言之“功”，指的是武术中基本的练功或锻炼方法，也称为“功法”。通过武术功法练习所获得的运动能力和专门技能达到的程度，便称为“功力”。武术各拳种、流派中，都有着丰富的功法练习内容，如“少林七十二艺”“轻功”“铁沙掌”“排打功”“金钟罩”等。由此可见，功法是武术的主要运动形式之一。全国武术功力大赛的举行，打破了套路与散打一统武术竞赛天下的格局，形成了三足鼎立之势，为武术的发展与振兴写下了光辉的一页。

（三）武术挖整工作取得重大成果

中华人民共和国成立后，武术挖掘整理工作持续不断，而大规模的武术挖整工作以20世纪80年代为最。1979年国家体委发出了《关于发掘整理武术遗产的通知》。后来连续三年的全国武术挖整工作，使挖掘整理武术遗产收到了良好的效果。武术的挖掘整理工作经历几年的努力，在全国查明了源流有序、拳理明晰、风格独特、自成体系的拳种129个。录制了394.5小时的录像带，共征集到了文献资料482本，古兵器392件，有关珍贵实物29件。组成了武术调研组到13个省、市进行了较为广泛地考察。同年5月，围绕挖掘整理，在南宁举行了全国武术观摩交流大会，表演了各种流派的武术达510项，其中有一些是埋没多年的拳种，技击对抗项目的散手、短兵也在大会上做了初次表演。这次挖掘整理工作对武术事业的继承和发展产生了重大影响。

（四）群众性武术活动蓬勃开展

20世纪80—90年代以来，群众性的武术活动更是蓬勃发展，对丰富人民群众的业余文化生活、增强人民体质作出了积极的贡献。各种形式的武术馆、站、社、校等相继成立，形成了一个宣传、传播、推广武术，组织群众开展武术活动的广阔而坚实的基地。据不完全统计，全国各种形式的武术馆、站、校就有万余个，人校习武的青少年有几百万人，各种形式的辅导站、教拳点数以万计，全国参加武术活动并以武术作为健身主要手段的人数约6000万人。从1992年开始，国家体委在全国范围开展评选

“武术之乡”的活动，更进一步推动了群众武术活动的开展。1992—1997年武术运动管理中心多次进行了“全国武术之乡”“全国先进武术馆校”的评选工作，表彰了群众武术活动开展好的单位，并组织了“全国武术之乡”“全国先进武术馆校”“革命老区”“少数民族”等形式的武术比赛，开展了“中华武林百杰”评选活动，从而大幅推动了群众武术活动的普及和提高。

1994年，国家体委提出“全民健身计划”和“奥运争光计划”，武术在这两项计划中均肩负着特殊的使命。“全民健身计划”的出台使太极拳这一科学的健身方法更加普及，极大地激发了人民群众的练武热潮，习练太极拳的人越来越多。除专业队外，大批民间团体、社会团体、民间自发组织习练太极拳，以及群众性的民间活动、国际间的文化交流日益增多，太极拳迎来了历史上空前规模的发展。

1999年10月15日，在北京天安门广场举办了“纪念邓小平题词‘太极拳好’发表20周年和庆祝中国武术协会成立40周年”万人太极拳表演。

为了推动武术运动的发展，国家体委武术运动管理中心于1998年1月正式颁布《中国武术段位制》，同年4月组成全国高段位评审委员会，对各地首批申报武术高段位（七、八、九段）者进行了严格的审查，共有112位申报者获准授予武术高段位。首批高段位授段仪式，在人民大会堂隆重举行，会后，各级考评委员会成立。《中国武术段位制》的建立使广大习武者有更浓厚的兴趣从事武术活动。国家体育总局武术运动管理中心于2002年又进行了晋段的评审工作，2003年4月，高段位（七、八、九段）已达688人。截至2020年12月，全国高段位九段共25人。

为了有利于全国武术传习者在中国武术协会的领导下，按照党和国家的大政方针，为武术能在“奥运争光计划”和“全民健身计划”中发挥更多的作用，为武术运动的社会化和国际化发展，于2002年7月国家体育总局武术运动管理中心在多年准备之后正式启动武术会员制，并推出《中国武术协会会员管理办法》。

（五）学校武术得到推动

早在1954年各体育院、系就开始把武术列为正式课程。自1989年开始，体育院校单独设立了武术专业，以教育学、人体科学、武术为主干学科，把武术理论基础、中国武术史、内功养生学、伤科与按摩、体育手段与方法等列为主干课程，招收了本科生，授予学士学位。自1979年起，各体育院、系恢复招收武术硕士研究生，1984年由国务院批准设立了武术硕士学位。1996年国务院学位办公室批准上海体育学院为首家武术博士学位授予点。硕士学位和博士学位的设置，使武术成为培养高层次专门人才的学科，这对武术的发展具有重要的历史意义。

自1960年开始，业余体校增设了武术班，大、中、小学也都把武术列为体育教学的必修内容。学校武术教育也呈现了一派生机，校园内掀起了武术热，以武术作为强身健体、提高身心素质的手段。1992年在武汉举行的大学生运动会，首次将武术列为正式比赛项目，使学校武术教育从单一的课程教学向多形式、多渠道、多层次发展。

党和国家对青少年的身体健康十分重视，在《全民健身计划纲要》中提出："要对学生进行终身体育的教育，培养学生体育锻炼的意识、技能与习惯的目标。"《中共中央国务院关于深化教育改革全面推进素质教育的决定》中又明确指出："健康体魄是青少年为祖国为人民服务的前提，是中华民族旺盛生命力的表现。学校教育要树立健康第一的指导思想，切实加强体育工作……"学校体育正向着健康教育和终身教育的方向发展。武术具有健体、防身、娱乐、观赏等多种功能和价值，是学校体育的重要内容。当前，教育部2000年新颁布的九年义务教育全日制初级中学体育与健康教学大纲制订的九年制义务教育《体育与健康》教科书及高中《体育与健康》教科书都有武术内容，包括基本功、拳械套路、攻防格斗技术及健身功法等，使学生通过武术的学习和锻炼增强体质，培养终身体育习惯，并通过武术的学习，了解祖国传统文化，振奋民族精神。

（六）科学研究获得进展

武术的研究整理工作也有很大进展，从20世纪50年代中期至1966年，国家体委有关部门组织部分武术工作者研究、整理、出版了简化太极拳、长拳和刀、枪、剑、棍等书籍，1961年还编写了体育系《武术》通用教材。

伴随着武术运动的蓬勃发展，武术的科学研究工作越来越显得重要和迫切。1987年6月，中国体育科学学会武术学会在北京成立，湖南、宁夏、江苏等省也先后成立了省武术学会。这期间，中国武术研究院多次举办了武术学术研讨会，从多学科对武术进行了研究。武术刊物、武术理论著述不断增多。自1981年以来，先后创刊了《武林》《中华武术》《武术健身》《精武》《少林与太极》《武魂》《武当》等武术专业刊物，对武术的学术研究、交流，以及党的武术方针政策的宣传作出了积极的贡献。通过广大武术工作者、研究者的辛勤劳动，这一时期编著出版了大量武术著作，如《中国武术史》《中国武术拳械录》《中国武术百科全书》《武术学概论》《中国武术人名辞典》《中国散手》，并进行了长拳、南拳、太极拳、刀术、剑术、枪术、太极剑、南刀、南棍竞赛套路的编写和出版工作。同时，这一期间广大武术工作者和科研人员研究和发表了大量的科研成果和学术论文，对武术的各个领域进行了研究，特别是从文化的深层，如古典哲学、美学、伦理学、养生等方面对武术的丰富内涵和多功能价值进行了科学探讨；各届全国体育科学大会和国际国内的各种武术论文报告会对武术走向世界、走向奥运进行多方面的研究。

二、武术在世界上的影响和推广

中华人民共和国成立后，特别是改革开放以后，中国武术以前所未有的速度迈出国门，走向世界，在世界的范围内，产生了深远的影响，概括起来表现在如下几个方面。

（一）增加互访援外，增进各国友谊

早在1974年6月，中国武术代表团访美，受到总统尼克松、国务卿基辛格在白宫接见，并先后在夏威夷、旧金山、纽约和华盛顿表演16场，观众达10万人次。随后，中国武术的国际交往日益频繁，中国武术代表团先后到美国、日本、英国、法国、东南亚各国，以及非洲等40多个国家和地区进行了访问表演，并派出教练员援外教学，同时到中国学习武术的团体和个人也络绎不绝，武术越来越受到世界各国人民的重视和欢迎。

（二）建立国际组织，举行国际赛事

随着我国对外开放形势的发展，近20年来，中国武术逐步走向世界，竞技武术、健身武术在世界上都取得了可喜的发展。越来越多的国家和地区兴起了武术运动，各洲的武术组织也相继成立。

1985年8月，第一届国际武术邀请赛在中国西安举行，来自法国、日本、美国、摩洛哥等12个国家和地区的代表队参加了比赛。

1990年10月，国际武术联合会在北京正式成立，目前是拥有来自五大洲86个国家和地区的会员协会。1994年10月，国际武术联合会被世界单项体育联合会正式接纳入会。

1987年9月，在日本横滨成立了“亚洲武术联合会”，并举行了第一届亚洲武术锦标赛。

1990年，在北京举办了第11届亚洲运动会，武术被列为亚洲运动会正式比赛项目。1994年9月，在日本广岛举办的第12 届亚运会，中国武术队获五枚金牌。1998年，在曼谷举行的第13 届亚运会，除武术套路项目参加比赛外，散打也列为正式比赛项目，这是散打第一次被列入综合性运动会。中国队获得了五个级别的全部冠军。

1991年10月，第一届世界武术锦标赛在中国北京举行，共有40多个国家和地区的500多名运动员参加了比赛。并规定每两年举行一次世界武术锦标赛。

2001年，由国际武术联合会审定推出了第二套国际武术竞赛套路，并决定在第七届世锦赛上全部使用。第七届世界武术锦标赛于2003年11月在澳门举行。迄今为止，

世界武术锦标赛已举行了15届，每次比赛的参赛人数和参赛运动员的水平都呈明显的上升趋势。

在世界竞技场上，散打运动也有了突飞猛进的发展，于2002年7月在上海举行了第一届世界杯武术散打赛。

2021年5月28日，国际武联正式加入国际世界运动会协会。

（三）推广健身武术，健康世界人民

2000年4月，中国武术协会开始着手制定太极拳全球化发展战略——太极拳健康工程。太极拳健康工程，是将太极拳作为武术的一个品牌系列，持续地推向世界。

太极拳健康工程包括太极拳活动月、举行世界太极拳健康大会、推行太极拳辅导员制、加强新时期太极拳理论研究等一系列内容。2000年5月，中国武协启动太极拳健康月活动，决定将每年的5月定为太极拳月。2000年7月，国际武联执委会一致表示支持中国的5月太极拳月活动，并将5月定为世界太极拳月活动。这一决定一经传出，立刻受到全国各地乃至全世界太极拳爱好者的积极响应。

2001年3月22—26日，“寿比南山”首届世界太极拳健康大会在海南省三亚市如期举行。此次活动引起国内外太极拳习练者的强烈反响，4000多名国内外太极拳爱好者参加了学习、交流和比赛。国务院副总理李岚清致信大会希望太极拳成为中国对外交流的一座桥梁，为人类健康，为世界和平、进步与发展发挥更积极的作用。国际奥委会主席萨马兰奇向大会发来贺词，预祝大会圆满成功。武术管理中心和武术协会决定每两年举行一次世界太极拳健康大会，把这项活动坚持下去，让它成为全世界太极拳爱好者共同的节日。2001年3月25 日，在三亚海滨举行的迎朝阳、申奥运“万人太极拳晨练”，已作为规模最大的晨练活动被载入世界吉尼斯纪录。

2020年12月17日，我国单独申报的“太极拳”项目被列入联合国教科文组织人类非物质文化遗产代表作名录。

（四）源于中国，属于世界

1998年11月2日，国际武术联合会在北京正式向国际奥委会递交申请，加入国际奥委会，这标志着具有几千年历史的中国武术终于向现代奥林匹克运动迈出了重要的一步。武术走向世界、进军奥运会这是中国武术界几代人梦寐以求的理想。

在武术运动向世界推广之际，它所植根的中国传统文化也逐渐被越来越多的外国朋友所认识和喜爱。“源于中国，属于世界”，武术已成为沟通各国人民友谊的纽带和桥梁。它作为一种优秀的民族文化和良好的运动项目正在走向世界，必定在全世界大放异彩。

思考、作业题

（1）试述武术的起源。

（2）为什么说武术具有悠久的历史？

（3）简述武术在秦汉、隋唐、宋元、明清各主要历史时期的基本情况及发展特点。

（4）历史上促使武术向前发展的因素有哪些？

（5）阐述中华人民共和国成立后特别是改革开放以来武术在国内、国际的重大发展和成就。

第三章　武德修养

【内容提要】本章对武德的概念、传统武德的内涵、当代武德内涵，以及武德与精神文明建设的关系、现代武术礼节进行了阐述。

【学习目标】通过本章的学习，使学生了解掌握武德的概念、传统武德的内涵、当代武德内涵及武德与精神文明建设的关系，从中受到武德的教育，自觉进行武德修养，提高自身的道德品质，并能在相关场合规范地运用现代武术礼节。

第一节　武德

中华民族历来有“礼仪之邦”之称。“未习武先习德”，不管是传统武德还是当代武德，对我国社会主义思想道德建设和精神文明建设均有着重要的作用。

一、武德的概念

所谓武德，即武术道德，是从事武术活动的人在社会活动中所应遵循的道德规范和所应有的道德品质。

“武德”一词最早于三千多年前就已出现。武德从伦理学的角度来看，它不仅是个人体现武术伦理规范的主体，侧重于个人意志的选择，而且包含了在整个武术社会活动及参与其他社会活动的秩序规范。并且个人的武德只有适应社会实践才能决定其品格的高低；同时，武德也只有在社会共识的秩序规范中，才有实践的价值和意义。对武德的正确理解，应当是武术伦理规范与习武者道德行为准则的总和。它始终应贯穿于习武者整个的练武、授武、比武等一系列的武术社会活动之中。

二、传统武德的内涵

武德理论包含的内容是多方面的、多层次的，其萌芽、形成和发展有一个历史过程。历史上最早的、带有条款性的武德记载见于《左传·宣公十二年》，“武有七德”，即“禁暴、戢兵、保大、功定、安民、和众、丰财”。这是对诸侯用兵道德的要求。在武德理论形成与发展过程中，一直居于封建社会正统地位的儒家仁学逐渐形成了传统武德的主要内容。

传统武德的伦理精神是由儒家的德性、道家的道性和释家的佛性构成。武德作为中国传统伦理的一个组成部分，其道德精神表现实质上是中国传统伦理精神在武术领域内的体现。它的内容虽然随着各个不同时期的发展而不断地补充和丰富，但其本质仍表现为仁、义、礼、智、信、勇。

仁：在一定程度上概括了人的全部道德意识，这也是习武者最高层次的品德追求和德性的最高境界。仁的基本涵义就是用广博的爱心去爱一切人。仁的核心是孝悌，要求武林中人具有师慈徒孝、兄贤弟恭、朋亲友爱。忠、恕则是为仁之方。要求习武者忠于师门。广义的理解就是要忠于事业、民族和社稷，要与人为善，以爱人之心宽恕他人，求及安宁、祥和。

义：义为行善之本。在武德中还可以理解为“仁”是通过“义”的环节过渡到人的道德行为。“义”是依“仁”而行的方法、途径和标准，“义”在武德中还可理解为秩序、等级。“义者，宜也”，就是习武者的言行举止要与自己的身份相等。君臣父子、师徒兄弟的纲常不能乱，这是武林中人心目中神圣不可侵犯的人伦。

礼：礼来自人的恭敬辞让之心，是仁义道德的节度及由此产生的待人接物的礼节仪容。武林界对“礼”有着严格的标准和规定，并由此而衍生一系列具体的、形式化的礼仪，直接付诸于习武者道德践履，作为其行为的文饰。“礼”还直接包括制裁制度，对违背“礼”的人要给予处罚。“礼”在武德中具有实践意义，它不但告诉习武者“应该做什么”，而且告诉其“应该怎么做”，是“仁”与“义”向行为落实的一个重要环节。

智：当习武者有了武德情操和礼仪规范后，还须有自觉的道德意识，这就是“智”。智的功能就是认识“仁”“义”，并保证它的实践。它根源于人们的是非判断之心，其功用在于体人生、知人伦、明是非、辨善恶，只有如此才能“穷不失义，达不离道”，做一个“富贵不能淫，贫贱不能移，威武不能屈”的侠义之人。

信：“信，诚也”，就是说做人要诚实，守信用，诚守诺言是武林的传统。“一言既出，驷马难追”。实践诺言，不失信于人，不畏艰难险阻，甚至甘愿牺牲生命，只身赴死的事迹，历代多有所闻。可见，守信重诺是武德的重要内容之一。

勇：武德中的“勇”既是道德标准又是行为实践，但“勇”又有“大勇”和“小勇”之分。武德中提倡的是“大勇”，指的是通晓仁义道德，明辨是非善恶之后，果断采用的举止行为。为国为民，匡扶正义，除暴安良，惩恶扬善，扶弱济贫等，即为“大勇”之举，在武林中是被极力推崇和效仿的。为私利或意气用事而逞强斗狠，则被视为“小勇”，也称作“匹夫之勇”，为武林中人所不屑。

三、现代武德的内涵

现代武德注入了新的内涵，阐述如下。

（一）树立理想，为国争光

理想是人们社会实践中形成的，具有现实可能性的、对未来的向往和追求。树立理想，古人称为“立志”，志不立，天下无可成之事。为此，理想是每个习武者坚强的精神支柱，是实现人生目标和成就事业的原动力。而要实现自己的理想，必须经过努力奋斗才能达到。习武者的崇高理想，应该是振兴中华武术，弘扬民族文化，为武术走向世界、造福于世界人民和为祖国争光而不懈努力。同时，继承和发扬中华武术，为全民健身服务，为推动社会主义精神文明建设贡献力量。

（二）爱国爱民，见义勇为

爱国主义，是全国人民为社会主义现代化建设而团结奋斗的力量源泉。邓小平同志指出：“中国人民有自己的民族自尊心和自豪感，以热爱祖国，贡献全部力量，建设社会主义祖国为最大光荣，以损害社会主义祖国利益、尊严和荣誉为最大耻辱。”要建立起国家和民族利益高于一切的信念，热爱祖国、热爱人民是当今习武者高尚的道德情操，决不能做出有辱国格人格的事情。若国家和人民的利益受到侵害时，应奋不顾身，挺身而出。当人民的利益受到坏人损害时，应见义勇为，以正当的防卫保护人民群众。当祖国受到侵犯时，更应万众一心为捍卫祖国英勇奋战，甚至献出自己的生命。

（三）尊师爱生，团结互助

尊师重道是传统美德，习武者应尊敬师长和前辈。不仅在行为举止上要谦和礼下，恭敬从命，更应该聆听教诲，认真实践，好学上进。珍惜师长、前辈的辛勤付出。师长、前辈应在政治上、学业上、生活上关心和爱护学生，要尽心尽责、毫不保留地传授技艺。在敬业精神上，教师更应该忠诚武术事业，以身立教，为人师表，诲人不倦。学者应该热爱事业，勤学苦练，学而不厌。在人格上，师生之间是平等的，要发扬民主，不搞“家长制”“一言堂”。学友之间应该团结友爱，谦虚谨慎，互相尊重。“以武会友，切磋技艺”，互相学习，共同提高。另外，师生都应该打破门户之见，破除循规保守、固步自封的旧习，搞好武术界的团结，取长补短，勇于探索，共同进步。在继承优秀传统的基础上，改革创新。

（四）修身养性，遵纪守法

武德中的修养主要是指个体行为，其根本乐趣又在于改变自己，以适应和维护社会秩序。它是以善之人性为起点，强调习武者正心诚意与修身养性。在中国传统文化中，“身”是被认为不道德的欲望之体，“性”则是道德的“本我”。因而“身”需要“修”，“性”需要“养”，修身养性的实质就是以“道德我”克服“欲望我”达到道德上的超越。习武者要不断加强自我修养，培养高尚的道德情操和良好的生活作风，坚决抵制一切剥削阶级腐朽思想的侵蚀和污染。当前尤其要清醒地认识和抵制在市场经济条件下，一些领域道德失范、拜金主义和个人主义的影响和腐蚀。在处理事情和人际关系时，决不能见利忘义，见利弃义，唯利是图，甚至损人利己。

遵守法纪是习武者最基本的道德规范，要做到这一点，首先要加强法制学习，增强法制观念，从思想上提高奉公守法的自觉性，并且能够依法办事。在任何情况下都要自觉维护法律的威严和自身的合法权益。同时还应该执行有关部门依法制定的各项规章制度，并勇于同违法乱纪的行为作斗争，以确保各种社会活动正常开展，维护社会安定。习武者要切记任何时候不得自恃武力、违法乱纪、逞强斗狠、妄自出手，要树立习武者的良好形象。

（五）文明礼貌，举止端正

我国素称礼仪之邦，有悠久的道德传统。武林界曾流传着“未曾学艺先识礼”“学拳先习礼”的传统。习武者平时的举止要端庄大方，有礼貌。言谈话语要有素养，并做到言必行、行必果，待人处处热情诚恳，和蔼可亲。服饰要整洁得体。在表演竞技、教学训练、社会武术和国际武术交往等活动中，都要严格按照武德的行为规范进行操作，表现出个人立身风度，以及容端体正的尚武本色，充分反映出习武者的良好素质。

四、现代武德与精神文明建设的关系

传统武德源远流长，许多内容对我们今天仍然十分有益，但随着社会发展，其中一些内容已不适应现今社会的需要，甚至成为武术发展的桎梏。所以，在弘扬我国古代优秀武德的同时，我们还应该采取批判继承的态度，取其对社会主义精神文明有用的部分，抛弃过时的糟粕的内容，建立起新的具有时代精神和社会主义特色的新时期武德，这是武术发展的需要，也符合社会主义精神文明建设的总要求。现代武德内容应是与社会主义精神文明要求相一致，并是社会主义精神文明建设的重要组成部分。

提倡新时期的武德，必须以马克思列宁主义、毛泽东思想和邓小平建设有中国特色的社会主义理论为指导，必须坚持党的基本路线，必须符合我国社会主义精神文明建设的总要求，为培养有理想、有道德、有文化、守纪律的社会主义公民服务。

第二节　武礼

随着武术的发展和走向世界，目前武术礼节已经在国内外相关场合被采用。

一、徒手礼

（一）抱拳礼

抱拳礼是由中国传统“作揖礼和少林拳的抱拳礼（四指礼）”加以提炼、规范、统一得来的，并赋予新的涵义。

行礼方法：并步站立，左手四指并拢伸直成掌，拇指屈拢；右手成拳，左掌心掩贴右拳面，左指尖与下颏平齐。右拳眼斜对胸窝，置于胸前屈臂成圆，肘尖略下垂，拳掌与胸相距20～30厘米。头正、身直，目视受礼者，面容举止自然大方。（图1）

图1

具体涵义：左掌表示德、智、体、美“四育”齐备，象征高尚情操。屈指表示不自大、不骄傲，不以“老大”自居。右拳表示勇猛习武，左掌掩右拳相抱，表示“勇不滋乱”“武不犯禁”，以此来约束、节制勇武的意思。

左掌右拳拢屈，两臂弯曲成圆，表示五湖四海（泛指五洲四洋），天下武林是一家，谦虚团结，以武会友。左掌为文，右拳为武，文武兼学，虚心、渴望求知，恭候师友、前辈指教。

（二）鞠躬礼

并步站立，两手垂置于体侧，手心向内贴于大腿外侧，上体向前倾斜15°。

二、持械礼

（一）抱刀礼

并步站立，左手抱刀，屈臂抬起使刀横于胸前，刀刃向上；右手拇指屈拢成斜侧立掌，以掌心附于左手拇指第一指节上，高与胸齐，两手与胸间距离为20～30厘米，目视受礼者。（图2）

（二）持剑礼

并步站立，左手持剑，屈臂抬起使剑身贴前臂外侧斜横于胸前；右手成掌以掌外沿附于左手食指根节，高与胸齐，两手与胸间距离为20～30厘米，目视受礼者。（图3）

（三）持枪（棍）礼

并步站立，左手持枪（棍）把段（靠把端三分之一处）屈臂置于胸前，枪（棍）身直立；右手成掌，附于左手拇指第二指节上，两手与胸间距离为20～30厘米，目视受礼者。（图4）

图2

图3

图4

运动员若持双器械，应将器械交一手执握，行抱刀礼、持剑礼、持枪（棍）礼；若不适合行礼时，则应两手持械面向裁判长立正行注目礼，其他器械参照以上各种礼仪执行。

三、武礼的应用

（一）在教学训练中的运用

武术课堂是一个严肃的教育场所，师生要用武术礼仪的标准来约束自己，言行有礼。

技术教学、训练礼节：上课铃响时，班长或值日生整队集合（每个同学之间相距10厘米），清点人数完毕，向老师（教练）报告时，师生均行“抱拳礼”。老师向学生问“同学们好”的同时，行“抱拳礼”。学生在回答“老师好”的同时，行“抱拳礼”，然后落手立正，礼毕，上课开始。下课时，老师向学生说“同学们再见”，学生在答“老师再见”的同时，行“抱拳礼”，老师说先手站立，然后学生再落手立正。礼毕，师生下课。

（二）在理论课堂中的运用

当老师走向讲台时，班长发口令：“起立，敬礼！”学生起立行“鞠躬礼”。老师看学生已行礼端正，也行“鞠躬礼”答谢。班长发口令：“坐下！”学生就坐，开始授课。下课时，老师说：“下课！”班长发口令：“起立，敬礼！”学生起立行“鞠躬礼”。老师看学生都已行礼端正，也行“鞠躬礼”回谢，礼毕，师生下课。

（三）在竞赛及表演中的运用

在武术竞赛中，运动员听到上场比赛的点名和赛后示分时，向裁判长行抱拳礼或持械礼。在武术表演的开始和结束时，面向观众行抱拳礼或持械礼，以示礼貌。

四、武术器械递接方法

递接器械是武术外在形象的一个重要方面，向对方递交器械时刀尖、剑尖向下，切忌刀尖或剑尖指向对方。枪、棍垂直离地约20厘米递给对方，切忌枪尖朝向对方，以失礼节。

思考、作业题

（1）什么是武德？试述新时期武德的内容及其与社会主义精神文明建设的关系。

（2）抱拳礼、抱刀礼、持剑礼、持枪（棍）礼的动作规格是如何要求的？

（3）抱拳礼的基本含义是什么？

第四章　健身武术教学的特点

【内容提要】本章论述了武术教学的特点，教学的阶段与步骤，教学的组织与方法，以及健身武术教学应注意的问题。

【学习目标】通过本章的学习，使学生熟练掌握健身武术的特点、步骤及组织方法，并将其应用于实践教学之中，提高他们的教学能力和水平。

第一节　武术套路教学的特点

武术教学具有体育教学的一般特点，即教师有目的、有计划地向学生传授各种技术、技能，让学生通过身体的反复练习与思维活动相结合，逐步掌握这些技术和技能，达到锻炼身体、增强体质、增进健康的目的，但是武术教学又有其本身独具的特点。

一、注重直观教学

在武术套路教学中，教师的大量示范是非常重要的，这是武术项目特点所决定的。对于学生来讲，首先遇到“三多”问题：一是动作数量多，不同风格的拳术、器械乃至对练套路均由数十个动作组成。这些动作结构各不相同，左右不对称，且很少重复出现。二是运动方向、路线变化多，运动中人体的方位、方向变化，以及人体局部运动起止路线的不断变化，形成了往返折叠、左旋右转、复杂多变的路线和位移。三是每一个动作所包含的因素多，做好每一个动作不仅要求手、眼、身、步符合规格，还要求与内在的精、气、神、意高度配合。此外，还有动作前后衔接、节奏等技巧的处理，这就给教学带来一定的难度。这些都需要教师进行正确的反复大量的示范才能解决。

因此，教师必须注重直观形象的演示，进行正确的示范。正确、优美、富于气势的示范，不仅达到良好的示范效果，还可以大幅提高学生的学习兴趣和积极性。教师通过多种示范和领做，并随时给予必要的语言提示进行教学，使学生通过反复习练，较快地学会和掌握动作，进而完成套路的教学。武术技术录像、光盘及多媒体课件等现代化教学手段也属于直观性教学，可以作为武术教学的辅助方法。

二、强调动作规格

动作规格是武术动作的质量标准。使学生规范地掌握动作是教学的目的，也是衡量学生技术掌握优劣的主要方面。因此，中学武术教学，无论是基本功、基本技术还是套路都要强调动作规范。在教学中，教师对每一个动作的架势结构、运动方向、运行路线、发力时间、特点，以及手眼的配合、动作之间的衔接都要示范正确、讲解清楚，以便学生明确正确的动作概念，准确地学会动作，并经过反复练习，建立正确的动力定型，为以后进一步提高打下扎实的基础。

三、突出劲力和精神的表现

教学中除了强调动作规格外，还要突出劲力和精神的表现，这也是武术与其他运动项目的区别所在。劲力是指运动中的用力，不同拳种或相同拳种中的不同动作其劲力要求也不同。一般来说，劲力有刚有柔，发劲要求顺达而有力，忌用僵劲硬力。如做长拳冲拳、推掌、弹踢等动作时，都运用先柔后刚的寸劲即爆发力，使力量顺达于动作的着力点，并做到意识和气息配合动作发力。

精神是指练拳中的神情和意识。练拳时首先做到精神饱满、神情贯注，并与外在富于气势的动作相结合而表现出来。教学中通过教师攻防动作的示范与讲解，有利于加深学生对攻防动作的理解，以表现出攻防意识。精神不只是表现在脸上，还要体现在攻防动作中，通过动作表达出精神。

四、结合攻防进行讲解示范

武术套路中有许多攻防动作，在教学中，教师应结合攻防动作进行讲解示范，使学生明确动作的用法，加深对攻防动作的理解，以尽快地学会动作。因为攻防往往是动作规格的依据，对于学生正确完成动作至关重要。结合攻防动作进行讲解示范还可以提高学生学习武术的兴趣，并从中学到攻防技术。在这方面教学的同时，要加强对学生进行武德教育和安全教育。

第二节　武术套路教学的阶段与步骤

一般来说，武术套路教学可分为三个阶段和五个步骤，具体如下。

一、武术套路教学的阶段

根据由易到难、由浅到深、循序渐进的原则和武术技术的内在联系，武术技术教学可分为三个阶段。

第一阶段：进行武术的基本功、基本动作、动作组合和基础套路的教学，提高学生的专项素质，使他们学会动作，掌握动作规格。

第二阶段：在掌握拳术套路的基础上，掌握器械套路，不仅要掌握套路的动作规格，还要掌握不同套路的特点和演练风格。

第三阶段：进一步巩固和提高单练套路的演练技巧，了解和掌握对练项目和攻防技术。在掌握单练套路规格的基础上进一步提高套路的势式连贯、刚柔相济、劲力顺达、抑扬顿挫、节奏鲜明、精神饱满和眼法配合等技巧，掌握对练项目中逼真和默契配合的特点，了解攻防技术的性质和用法。

二、武术套路教学的步骤

武术套路是由数十个动作组成，一般包含动作的方向路线、架式结构、劲力特点、停歇顿挫、心志意向等要素。要使学生学会动作的套路，就要通过一定的教学步骤让学生逐步掌握动作的完整性。

第一步：主要是弄清动作的方向路线。这一步的基本任务是，使学生通过教师的慢速示范和简略的讲解，首先弄清和掌握动作方向路线的来龙去脉，对于势式步型可作一般要求，不必太低、太工整。

第二步：要掌握动作姿势的准确和工整。这一步的基本任务是，使学生在弄清动作的方向路线的基础上，进一步掌握动作姿势的准确与工整。这时教师的示范、领作要把前一步采用的慢速示范变为正常速度的示范。手、眼、身、步必须做到准确、工整。但是，动作的示范领作速度相对变快，不等于是动作的贯穿完整。如果某些动作在第一步骤里运用的是分解教法，在这里还是要分割开来，不必贯穿成完整动作。因为要求姿势的工整不仅要求静止时架式步型的准确与工整，还要求在活动过程中手、眼、身、步变化部位的准确与工整。所以，先不必求动作的贯穿完整，而是要在分解中去解决动作过程的准确与工整。

第三步：要使动作贯串完整。这一步的基本任务是，使学生掌握动作的完整性。教师的示范、领做必须是正常速度的、正确的、连贯的、完整的，带领学生把分解的动作连贯起来，不仅要求整式连贯、完整，还要求用力顺达、力点准确。

第四步：分析动作的劲力、节奏、精神、眼法等技巧。这一步的基本任务是，使学生领会武术动作的特点，了解武术形神兼备的要求。教师要向学生分析动作的性质、作用、意向、节奏，并使他们体会这方面的技巧，逐步使形体动作和心志相结合，以便进一步达到武术神形兼备的要求。

第五步：复习巩固。这一步的基本任务是，使学生通过多次反复练习来巩固上面四个步骤所学的动作和要求。

第三节　武术套路教学的组织与方法

武术套路教学的组织与方法多种多样，它是完成教学任务的手段与途径。科学地组织和运用教学方法，对充分调动学生的积极性、完成教学任务和提高教学效果有着重要意义。

一、讲解与示范法

（一）讲解法

1. 讲解的目的与要求

讲解的目的是教师向学生说明教学任务、动作名称、动作做法、要求、要领、作用等，以指导学生掌握动作技术、技能并进行练习。

讲解要求目的明确，讲解的内容要正确、具体。语言要简明、易懂、形象，富于趣味性和启发性。要根据教学任务和学生的实际水平进行讲解，并注意讲解的时机和效果。

2. 讲解的内容

（1）动作规格：所谓动作规格是指动作的质量标准。武术技术规范化的关键是动作的规格化、标准化。教师通过讲解使学生明确具体动作的规格和要求，有助于学生技术的快速掌握和提高。

（2）基本技法：在武术动作中，经常出现的带有一般规律性的方法和技巧称为基本技法。进行基本技法的讲解，便于学生掌握好动作技术。例如，向前冲拳，冲出时总是拳背或拳眼朝上，而收到腰际抱拳时总是拳心朝上。再比如，长拳动作定势时，总是要求头正、颈直、挺胸、立腰，这些都属于基本技法。

（3）攻防含义：动作具有攻防含义，这是武术套路的特点，教师要进行攻防内涵的分析讲解，使学生明确动作的实质和做法，有助于准确地理解和掌握动作，使学生做得更加准确。

（4）关键环节：能否正确的完成动作往往取决于对动作关键环节的掌握，因此，对动作的关键环节进行讲解，有助于学生较快地学会动作。

（5）易犯错误和纠正方法：对易犯错误的讲解可以提醒学生防止这类错误的发生，即使在练习中出现这类错误，学生也能很快地意识到这是不对的。对纠正方法的讲授有利于学生错误动作的纠正和提高学生的纠错能力。

（6）劲力与精神的表现：劲力是武术动作的用力。但是，不同动作力的表现形式不同，用力的方法和力度也不同，教师要结合具体动作进行讲解和提出要求。精神是内在气质的表现，这是可以把握的。在精神饱满、精神贯注的前提下，长拳不仅在面目表情上要表现出怒的气魄，还要通过威武、挺拔、舒展的动作表现出来；太极拳自然的面目表情与温文尔雅的动作相呼应，突出了它的运动特点。教师要进行这方面的讲解和要求。

3. 讲解的方法

（1）形象化讲解：如将“仆步穿掌”比喻为燕子抄水一般，有利于启发学生的形象思维。

（2）口诀化讲解：如讲弓步，口诀可为“前腿弓，后腿绷，挺胸立腰别晃动”。顺口易记，起到强化动作的作用。

（3）单字化讲解：如讲“腾空飞脚”，可把蹬地起跳，摆腿提腰提气，拍手拍脚击响的过程归纳为“蹬、摆、提、击”四个字，有利于抓住完成动作的关键环节。

（4）术语化讲解：如“挺胸”“立腰”“沉肩”“垂肘”等。采用术语讲解，可以达到简明扼要的讲解效果。

（二）口令的运用

口令是组织学生、指挥学生的重要手段，在武术教学中根据教学的需要可运用不同的口令。

1. 长短、快慢结合的口令

长短、快慢结合的口令运用是指挥学生练习的常用口令，故也可称常用口令。长令要柔和缓慢，短令则应刚劲有力。快令是指两动作间连接紧凑、无停顿，口令要短促有力。慢令指口令拉长带拖音，一般是在动作过程较长时运用。例如，少年拳第二套第1—4动，可按10、20、3—、40的节奏发口令，其中“1”为第一动，后面的“0”为半拍休止符，表示口令不要拖音。“3”后带“—”表示第三动口令要拖长。这一小节中“1”“2”“4”属快令，“3”属长令。这样安排使用口令方法，急缓有致、节奏鲜明，符合套路结构特点。如果是太极拳须拖音拉长。因此，一般来讲，长拳的口令声音应洪亮、短促、有力，太极拳的口令应柔和、缓慢，带有拖音。

2. 提示性的口令

提示性的口令是在口令前加上动作名称或要求，使口令具有提示性。前面的动作名称是预令，后面呼号是动令。如少年拳第二套中“抡臂砸拳—10”“望月平衡—20”，其中“—”表示拖音。预令具有提示性，应有拖音。太极拳教学时，预令和动令都应有拖音，如简化太极拳中“野马分鬃—1—2—3—”“搂膝拗步1—2—3—”等，前面是动作名称，后面是动作的重复次数。也可直接用动作名称作为口令呼号，如“野—马—分—鬃”“搂—膝—拗—步”“揽雀尾—掤—捋—挤—按—”等。运用这种口令对帮助学生回忆动作、加强对动作的理解很有益处。

3. 间有分解动作的口令

如在若干个动作口令中间，其中第三个口令需分解为四个小节，这种口令的呼号就变成：10、20，到第三动时应呼成：30、②0、③0、④0（从30 到④0 是这个动作的分解动作口令），如少年拳第二套中的跃步冲拳动作。

在集体练习中，教师发出动令后，学生要及时做出动作，在教师后一个动令发出之前，学生不能破坏动作或抢做动作。集体练习要求令行禁止，这样不仅可以培养正确的动力定型，还可培养学生顽强的意志品质和集体主义精神。

（三）示范法

1. 示范的目的与要求

根据武术教学的特点，教师示范可以直观地使学生了解动作形象结构和神态，正确优美的示范可以启发学生学习武术的兴趣和积极性，但是教师示范要有明确的目的性，根据教学步骤要求来确定示范的内容。示范要注意示范位置的选择和示范面的运用。

2. 示范位置的选择

在中学阶段大都成四列横队进行教学，教师示范一般站于横队的等边三角形的顶点位置。为了使每个学生都能看清示范动作，前两排学生可以坐下或蹲下，或让前两排学生与后两排学生相向站立，教师在中间空地上示范。如果队列成半圆形或圆形，教师应站在圆心附近。领做示范时，一般根据套路动作的运动方向，站在练习队形的左前方或右前方。总之，示范的位置应以使学生能看清动作为原则。

3. 示范面的运用

示范面有正面、侧面、斜面、背面（同向）、镜面等多种示范。凡身体侧向行进的动作，可做正面示范。凡是身体正向行进的动作，可做侧面示范。背面示范，又称同向领做示范，是武术教学中最常用的手段。教师示范时背对学生，学生跟在教师后面，模仿教师所做动作的方向、路线而运动。如有些动作背面学生看不清，则可转过身来再做一次正面的示范。在教学中，教学一个动作往往要采用几种示范面以达到示范的目的。镜面示范常在教师领做武术操时采用。

（四）领做

领做是在学习过程中由教师引导学生模仿动作的一种方法，武术套路的动作方向变化较大，动作结构复杂，教师在教学过程中必须采用领做的方法，使学生准确熟练地掌握动作，其运用方法如下。

1. 身领

教师反复带领学生进行练习，练习中注意以下几个问题：

（1）位置的选择要便于学生辨认动作方向，要根据动作所进行的方向来确定，要使学生能观察到领做的动作。领做全套动作时，还要根据学生的观察能力来选择和变换位置，也可预先在四周安排骨干协助领做，以减少教师的位移。

（2）领做的速度要掌握恰当，在初学期必须放慢速度，以利于学生观察模仿，随着动作的基本掌握可逐渐加快。

2. 口领

运用各种口令指挥学生练习，这就要根据不同教学阶段和完成任务的需要，选择不同的口令领做（方法见口令的运用）。

3. 提示

提示的方法和内容要根据教学过程中的情况和需要加以运用，一般的方法有语言提示、定向提示、攻防启发提示和诱导提示。

4. 身领、口领、提示相结合

在教学过程中三者常兼用。在各教学中的运用要分主次，在初学阶段，身领和口领并用，兼用提示法；熟练阶段多用口领或提示，提高阶段以提示为主。教师要根据教学情况灵活运用以上诸法。

二、完整与分解教学法

（一）完整教学法

完整教学法的目的是使学生了解一个完整动作的全貌，建立完整的动作概念。武术套路是由不同类别的单个动作所组成，而每一个动作又是相对独立的，因此可以采用完整教学法。完整教学法是以动作的开始到结束不分部分而完整地进行教学。在下列情况下可运用完整教学法。

（1）动作结构简单和难度不大的动作。

（2）对有一定基础的学生进行教学时。

（3）在教新动作时，教师可先采用完整示范，帮助学生建立第一印象。

（二）分解教学法

分解教学法就是把完整的动作合理地分成几个部分，按部分逐次地进行分解教学，最后达到全部掌握动作的方法。分解教学法是针对比较复杂、难度较大的动作所进行的教学方法，它便于学生了解动作的细节，更好地掌握动作的完整性。在下列情况下，可运用分解教学法。

（1）动作结构和方向路线较复杂繁难的动作：这类动作可分上下肢两部分或前后分成若干小节来进行教学。

（2）攻防因素较多的动作：对这类动作可按攻防动作的多少来分节教学。

（3）富于顿挫的动作：武术很重视动作的顿挫，顿挫性的动作做得好坏，影响着动作质量，对这类动作按动作的节律分解教学。

（三）分解教学应注意的问题

（1）分解教学过程中，要注意先采用慢速分解示范，然后根据学生掌握的程度逐渐过渡到常速分解示范。

（2）运用分解教学法时，不宜将动作分解得过碎，学生通过分解教学法基本掌握后应尽快向完整动作过渡，以保证动作的完整性。

（3）分解教学法与完整教学法应有机地结合起来运用，应遵循完整—分解—再完整的原则进行。

三、组织练习法

组织练习法是教师指导学生反复练习进而掌握动作的方法。在教学中，学生通过语言、直观所感知的动作概貌，必须经过亲自实践，进行反复练习，才能掌握和提高所学技术；并发展身体、增强体质，培养刻苦、顽强、坚毅的品质和集体主义精神。

（一）主要练习形式

（1）集体练习：是武术教学练习的主要形式。初学时多由教师领做来进行，在基本掌握动作的情况下，用口令来指挥练习，并针对练习的出现的错误加以纠正。除了讲解示范外，还可采用变换练习法，如放慢或加快动作速度或采用有针对性的辅助练习等方法来改进和纠正学生的错误动作。但要注意，不要为纠正个别人的动作而耽搁太长的时间，可在练习完毕后，进行综合性的分析和评价。

（2）分组练习：一般在教学完本课任务后，在集体练习的基础上采用的练习方法。分组练习一般有两种形式，一种是以小组为单位按教师指定的场地分散开同时进行练习，教师轮流到各组指导，由各组学生轮流喊口令指挥练习，互帮互学，共同提高。另一种是在教师的组织和指挥下轮流练习，教师进行纠错和评价。达到互相观摩，相互促进的目的。

（3）个人练习：是在分组练习的基础上，培养学生独立进行套路演练能力的练习方法。通过个人分散练习，消除学生对老师或同伴的依赖性，使动作与思维结合起来，进一步熟习规整动作和套路；也可个人练习，大家观摩。在教师组织下，分析讨论，纠正错误动作，提高个人独立演练能力，并为测验奠定基础。

（二）巩固提高的方法

（1）重复练习法：针对某一组合、段落或整套动作进行多次反复练习达到巩固、强化进而熟练的一种练习方法。

（2）变换练习法：是指变换练习方位、放慢或加快动作速度，以及变换练习情境等练习方法。其目的是培养和提高学生的各种外因变化的适应能力。在教学中变换练习方位是其主要方法。

（3）课外作业法：按照教师布置的练习数量和具体要求，学生在课外自觉地复习所学的动作、段落或套路的一种方法。

（4）教学比赛法：由教师利用教学时间组织和评分，或由学生参加裁判工作、实习评分的个人比赛、分组集体比赛、分组推选代表比赛。这种比赛法具有一定的竞争性，能调动学生的积极性，通过比赛达到复习巩固，同时也能反映教学效果。

（5）模拟考试法：是为了使学生注意技术考查、考试时的场地、环境、礼节、站位、要求等方面的事宜，教师利用一定的教学时间制造考试气氛，使学生身临其境接受实际的独立演练的考验，并帮助学生总结临场经验，使其有所准备的一种方法。

四、检查与纠正错误法

（一）检查法

武术教学过程中，教师必须及时通过反馈信息获得学生掌握技术的情况，加以调整和控制，达到教学效果最优化的目的。检查就是教师获得这种信息反馈的有效途径。常用的检查方法有观察法、提问法、抽查法、测验法和比赛法。

（1）观察法：是教师依靠视、听等感知觉，观察学生学习效果的一种方法。

（2）提问法：是教师向学生提出问题，了解有关教学内容掌握得如何的一种方法。

（3）抽查法：是教师让个别学生独立演练，检查其动作规格、熟练程度的一种方法。

（4）测验法：是教师对学生所学内容进行阶段性检验的一种方法。

（5）比赛法：是教师通过教学比赛的形式，检查学生掌握和运用动作技术的一种方法。

（二）纠正错误法

学生在学习和掌握动作过程中会出现各种错误，教师应善于发现和及时纠正学生的错误动作。练习中容易出现的错误及相应的纠正方法如下。

（1）慢解领做法：由于学生接受能力和协调性差而出现错误动作时，教师就要耐心地采用动作分解、慢速示范、多领做等方法帮助纠正。

（2）语言提控法：由于学生遗忘动作或对动作要领不清楚而出现错误时，教师可以采用提示动作名称或以动作要点来控制学生所做动作的规格，以达到帮助纠正错误的目的。

（3）素质补缺法：由于学生身体的某些素质差而做不好动作时，教师就应采取相应的措施，首先提高学生的有关专项素质，从而使学生逐步完成动作，教师不要因急躁而挫伤学生的积极性。

（4）讲示攻防法：由于学生忽略了动作的攻防细节而出现错误时，教师应阐明动作的攻防含义，演示动作的攻防技术，使学生牢记动作的攻防作用，使动作符合规格要求。

（5）对比求异法：由于学生混淆相似动作而出现错误时，教师应将两者加以对比，从中找出差异，使学生弄清两者的不同之处以达到正确掌握动作。

五、其他教学方法

（一）表象练习法

表象练习法也称意想运动，主要是让学生有意识地充分利用自己头脑中已形成的动作表象反复想象进行练习的一种心理练习方法。即把所学武术动作在头脑中再现，再现过程中对映像进行再确认，去除错误的，强化正确的。在武术教学中，教师有意识、有目的地组织学生运用表象练习与实际练习相结合的方法进行练习，可以加速动作技能的形成，为实际练习打下基础。学生也可课下自行练习。实践证明，表象练习法是一种行之有效的辅助教学方法。

（二）电化教学

电化教学是指利用武术技术录像、光盘及多媒体课件等现代化教学手段进行教学的一种方法。特点是直观、形象，有利于学生了解武术动作的规格、整套动作的精神、节奏、动作的衔接，以及技术风格和技术特点；并可向学生直观地做出技术分析，有助于学生了解技术细节和过程，加深运动表象，培养学生观察、分析技术动作的能力，是很好的武术辅助教学手段。

第四节　健身武术教学应注意的问题

健身武术教学中应注意以下五个方面的问题。

一、要加强学生思想教育和武德教育

在中小学武术教学中，要注意加强学生思想教育和武德教育，使学生明确学习目的，端正学习动机，树立学习武术是为了增强体质、增进健康，振奋民族精神，为祖国建设服务的思想。培养学生不畏强暴、见义勇为的高尚品德和勤劳刻苦、谦虚严谨的学风，培养热爱祖国文化遗产的情感。教学中，应以正面表扬为主，充分调动学生的学习自觉性和积极性。教学中，注意组织纪律的教育和培养，在进行攻防技术讲解时，要讲清目的，提出要求，注意安全，严禁打闹，以防止受伤。

二、要注意教材的选择和搭配

武术运动由于步型、步法比较多，下肢负担量比较大，一堂课如有两个教材出现时，最好安排一个上肢用力较多的练习，这样搭配起来进行教学，避免身体局部负担量偏大，使学生身体得到较全面的锻炼，更好地学会动作。一堂课如只有一个教材出现时，要注意采用不同的练习方法或练习内容，调整和减缓下肢负担量，以避免身体局部负担量偏大的负面影响。

三、准备活动与基本教材要有机结合进行教学

教学中，准备活动与基本教材要有机结合进行教学。应把武术基本功、基本动作的相关内容安排在课的准备部分，起到热身、发展专项素质及向基本教材过渡的作用。另外，也要把新授内容的辅助性练习内容安排在准备活动中进行，这样既节省整个教学的时间，也加强了教学的连贯性和实效性。

四、教学方法的运用和运动量要恰当合理

教师在教学中要善于运用分解教学法，因武术动作多为非对称性，动作变化快，而且规范性强，对协调性要求较高，易使学生产生难学难记的心理障碍，因此，教师要善于运用分解教学法，把动作化繁为简、化难为易，使学生经过适当的努力能够较快地掌握动作。另外，注意精讲多练，讲解要生动形象，使学生不感到枯燥无味。教学要以领做为主，队前的讲解示范为辅，教师领做练习时，注意动作分解和慢速练习相结合，这样有利于学生正确体会运动时的肌肉感觉，建立正确的动觉表象和动作定型。练习的形式以集体练习为主，分排观摩练习为辅；以保证学生有恰当的运动量。

运动量不要过大或过小，一定要根据中、小学生的不同年龄区别对待，不能墨守陈规、千篇一律。运动量过大对身体不仅无益，反而有害；运动量过小对身体各个器官系统起不到应有的作用。

五、注意培养学生骨干

教学中，教师可选择一些爱好武术和武术基础较好的学生为骨干，在课中协助教师进行教学，尤其是在分组和分散练习时，可帮助纠正其他同学的错误动作，集体练习时还可起到组织、领做示范的作用。

思考、作业题

（1）武术套路技术教学原则有哪些？

（2）简述武术套路技术教学的特点。

（3）武术套路技术教学采用哪些教学方法？

（4）武术套路技术教学中讲解的主要内容和方法有哪些？

（5）在何种情况下采用分解教学法？

（6）运用分解教学法时如何进行动作分解？分解时应注意哪些问题？举例说明。

（7）教师如何选择教学示范位置、示范面和领做示范位置？举例说明。

（8）武术教学中口令如何运用？

（9）教师组织学生进行练习的主要形式和巩固提高的方法有哪些？

（10）在武术教学中学生常出现的错误有哪些？教师采用哪些方法进行纠正？

第五章　武术套路竞赛的组织与裁判

【内容提要】随着武术事业的发展，武术不仅已成为我国体育运动竞赛项目之一，还成为亚运会的正式竞赛项目。另外，国际间的大型竞赛活动频繁，如世界武术锦标赛、国际武术邀请赛等，这就促使武术竞赛的组织和裁判向正规化和科学化发展。本章对大型武术套路竞赛的组织、编排、裁判方法，以及竞赛规则的有关内容进行了系统的阐述，并有针对性地阐述了中、小学武术竞赛的组织、编排及裁判评分方法。

【学习目标】通过本章的学习，使学生了解、掌握大型武术套路竞赛的组织、编排、裁判方法和竞赛规则的有关内容，掌握学校武术竞赛的组织、编排和裁判方法，为培养学生根据学校的实际情况开展学校和社会武术竞赛活动的能力奠定基础。

第一节　武术套路竞赛的组织

武术套路竞赛的组织工作内容较多，组织者应了解和熟悉竞赛组织工作的重要性、工作的程序和各个阶段，才能保证比赛的顺利进行。

一、竞赛组织工作的意义

竞赛组织工作是一项十分复杂而又细致的工作，组织工作进行得如何，直接关系到赛会能否顺利进行。因此，科学地组织、周密地安排，充分发挥职能部门的作用，卓有成效地进行工作，是实现赛会目的、任务的根本保证。

二、竞赛组织工作的程序

武术竞赛的组织工作由组织准备、赛前准备、竞赛进行、竞赛结束四个阶段组成。

（一）组织准备阶段

赛会能否顺利进行关键是赛会的组织领导，所以首先建立组织机构，统一领导赛会的各项工作。

1. 成立筹备委员会

在准备工作中，首先要成立筹备组织，讨论决定比赛组织方案、规程和工作计划。组织方案一般包括赛会的规模、各部门的职责和负责人名单及工作人员名额、经费预算，以及要解决的主要问题。

2. 制定竞赛规程

根据竞赛任务和竞赛计划制定竞赛规程，规程是比赛的指导性文件，具有严格的法规效应。竞赛规程由主办单位制定，它是竞赛工作的依据，要提前发给有关单位，以便做好赛前准备。竞赛规程的条文要清楚，内容要齐全，词句要准确，文字要精练。无论比赛规模大小，都要制定竞赛规程。基层武术竞赛的《竞赛规程示例》附后。

3. 建立组织委员会

全国性武术比赛，一般由国家体育总局委托有关单位承办，由承办单位、参加单位、裁判队伍、仲裁委员会，以及有关部门的领导人员组成组织委员会，比赛的各项活动都要在组织委员会领导下进行。

另外，一些运动会由于特殊的需要，为提高规格、扩大其影响，可以成立大会主席团，邀请层次较高的党、政领导人担任大会名誉职务。

4. 组织仲裁委员会

确定仲委委员会组成人员名单，并下发通知和聘书。

5. 组织裁判队伍

确定裁判队伍组成人员名单，并下发通知或聘书。

（二）赛前准备工作

（1）组织裁判员学习。在比赛之前须组织裁判员学习。全国性、国际性的大型武术比赛都很重视裁判员的学习，一般在赛前组织裁判员学习，或举办裁判员学习班。裁判员的学习由裁判长主持。基层武术比赛也应重视裁判员的学习。

裁判员学习的目的主要是提高裁判员的思想认识和业务能力，保证公平竞赛，真正落实“严肃、认真、公正、准确”的八字方针。由于学习时间短，比赛任务重，所以学习要抓重点。学习的主要内容是学习和熟悉规程、规则有关条文，领会规则精神，增加裁判知识。掌握评分方法，提高裁判能力，以及统一学习规定套路等。学习方法采用讲课、讨论、自学、观摩训练、裁判实习、考核等形式，以提高业务水平。

（2）组织安排各代表队的赛前训练。

（3）检查和布置比赛场地，特别是比赛场地的规格和比赛场地的整体布置要符合规定和要求。

（4）组织召开裁判长、教练员联席会，统一了解和认识有关规则中不详尽的条文及本次竞赛的有关规定。

（5）比赛前必须完成秩序册的编印工作，并发给各参赛队和有关部门。

（6）召开组织委员会会议，由承办单位负责人向组织委员会汇报大会筹备工作情况，以及其他有关问题。

（三）竞赛进行阶段

（1）组织开幕式。组织开幕式是宣传武术运动的好形式，为了收到更好的教育效果，开幕式要简短、隆重、热烈。

（2）组织好每天每场的比赛。当场比赛结束后，各裁判组要及时总结，以便改进工作。

（3）经常对场地设备进行检查和管理。

（4）遇有特殊情况，需要更改比赛场地、日期和时间时，应由负责部门及时通知各队。

（5）每天比赛后，编排记录组应及时将比赛成绩进行登记和公布。

（6）督促现场技术录像。录像人员要坚守岗位，不可漏录。

（7）医务组每场比赛都要做好准备，以便处理临时发生的伤害事故。

（8）总务处要深入各队了解情况，听取对生活、交通等各方面的意见，以便及时改进工作。

（四）竞赛结束阶段

（1）组织大会闭幕式。公布比赛成绩、发奖、致闭幕词、组织表演或文艺演出。

（2）组织领队、教练员、运动员、裁判员交流经验或作技术报告。

（3）裁判组、各组织机构进行工作总结。

（4）安排办理离会的交通方式等有关事宜。

（5）印发成绩册。

（6）整理有关资料存档。

（7）竞赛工作结束，向上级汇报。

附：套路竞赛规程示例

××××年××市中学生武术套路竞赛规程

一、目的任务

为全面落实党的教育方针，推动我市武术运动开展，增强学生体质。通过比赛，互相学习，交流技艺，促进武术运动水平的提高。

二、举办单位

由市教育局和市体育局联合举办。委托××区体育局承办。

三、竞赛日期和地点

××××年×月×日至×月×日，在市体育馆举行。

四、参加办法

（一）参加单位：我市各中学。

（二）参加人数：每队可报领队1人、教练员2人、运动员男、女各6人（报裁判员1人）。

（三）参加资格：凡本校在籍学生，思想品德好、学习努力，凭医生证明身体健康者均可报名参加。

五、竞赛项目

（一）拳术一项。

（二）短器械（刀、剑任选一项）。

（三）长器械（棍、枪任选一项）。

六、竞赛办法

（一）本次比赛为个人单项和全能比赛。

（二）采用国家体育总局审定的最新武术竞赛规则。

（三）全能分数计算办法：3个单项成绩之和即为全能成绩。

七、录取名次和奖励

（一）全能名次：男、女各录取前6名。

（二）拳术、刀、剑、棍、枪每项男、女各录取前6名。

八、报名日期

于×月×日前各单位报名单报市体育局竞赛处。

第二节　武术套路竞赛的编排与记录

大型武术套路竞赛的编排与记录是一项较为复杂的工作，竞赛秩序编排的成功与否是整个赛会能否顺利进行的关键。做好这项工作不但需要认真负责的态度，更需要科学严谨的方法，而这种方法要建立在有关竞赛理论的基础之上。针对运动员分组、上场顺序的确定和竞赛日程的制订，要根据问题性质的不同采用不同的方法解决，突出利益均等、机会均等的原则，只有这样才能为运动员创造场上公平竞赛、公平竞争的先决条件。下面是全国性的大型武术套路比赛编排方法，国际性的武术比赛和基层武术套路比赛均可参照执行。

一、编排的原则

编排的实质内容主要是竞赛日程的安排和运动员上场顺序的确定，竞赛日程的安排要遵循利益均等、机会均等的竞赛原则，但不能像确定各项目组运动员上场顺序那样通过抽签确定，而是依据大会所给各方面条件，通过整体把握、宏观调控的办法把各个项目组合理地分布到各场次、各场地中去。如果抽签确定，反而造成混乱。确定各项目组运动员上场顺序则根据随机理论采用抽签办法确定。综合起来做好竞赛编排工作要确立和遵循如下原则。

（一）要合理使用场地

基层或规模较小的比赛一般设一块场地，全国及世界性、国际性的比赛通常设两块场地。场地的使用方法要合理。合理的场地使用方法来源于对赛会所给各项条件的认真分析、测算，提出最佳方案并加以实施。

（二）要有利于运动员比赛

（1）同组别项目集中一场比赛完毕。集中在一场把所有相同项目赛完，对同组别运动员来讲参赛时间一致，也与其他项目组比赛时间间隔均等。若参赛人数多，应注意安排在第二天同一时间、同一场地进行，力求在同等条件下进行比赛。

（2）抽签确定各组别内运动员比赛出场顺序，以体现竞赛的公平性。

（3）各项目组的第一出场者的次数要均等地分散到每个队，或遵照特定的原则执行。

（4）每场比赛每位运动员只安排一个项目参赛。若必须有两项则应考虑有较充裕的间隔时间。

（三）要有利于裁判员裁判

同一裁判组在每场次中只担任一个场地的裁判工作。要求裁判员是“全能型”的，在某一场地上裁判，自上场后便“一竿子插到底”，无论何项目组比赛无须更换裁判组。

（四）要有利于观众观赏

武术具有极高的观赏价值，这一点应给予足够的重视。安排各场项目时，两场地比赛项目不要雷同，这样有利于观众观赏。

二、编排的步骤和方法

大型武术比赛，如全国武术套路锦标赛（团体赛及个人赛）、全国体育学院武术比赛、全国青少年武术锦标赛等，其特点表现为比赛设项多，故参赛人数多、项次多。因此，做好编排工作要科学有序地进行。目前，国际性、世界性的武术套路比赛在项目设置上比国内少，但编排原则、方法是一致的，可参考进行。其步骤和方法如下。

（一）学习竞赛规程

编排记录组在编排之前首先要学习竞赛规程，了解和掌握竞赛日期、大会的活动日程、实际竞赛天数、开幕式和闭幕式的时间、竞赛办法、录取名次和计分方法，以及裁判组的设置和分工情况等。这些因素都与做好编排和记录工作有直接的关系。

（二）审查和统计工作

审查各单位的报名表，如发现与规程不符或不清楚的情况，应及时与有关单位联系，及时解决。在审查的基础上，统计各队参加比赛的人数和每个项目参赛的人数（均男、女分别统计），以便为编排工作做好准备，并根据参加人数、项次数计算比赛实际所需时间。如果与大会所给时间出入较大，要调整、确定大会所给时间。

（三）竞赛分组

竞赛分组是以各参赛队准确的报名单所报项目为依据，根据运动员性别和项目的不同，分别组成不同的项目组。如比赛设男子长拳项目，把所有参加男子长拳的运动员组编在一起，组成男子长拳组。其他所设项目均按此法办理。

把在一起录取名次的同类项目的所有运动员组编在一个组里，这样形成若干不同的竞赛组别，为下一步抽签决定上场顺序做好准备。使相同项目比赛的运动员集中参赛，有利于运动员场上竞争，有利于裁判员评判，同时也有利于编排记录组记录成绩、录取名次并及时向大会公布比赛成绩。

一共分多少组？这要根据比赛所设项目而定，以全国武术锦标赛、全国体育学院武术比赛为例：设七大项，前6项内含若干“小项”供运动员选赛，名次录取是依“小项”进行的，所以分组要与“小项”相对应。这样须分成14个项目组别，男女分开即形成28个组别，再加上男、女集体项目，共30个组别。其分组方法和各组别名称见表1。

表1　竞赛分组方法表

<table>
<tr><th>所设大项</th><th>所含小项</th><th>组别名称</th><th>录取名次</th></tr>
<tr><td rowspan="3">拳术</td><td>长拳</td><td>男子（女子）长拳</td><td rowspan="17">各项参赛人数在10人（含10人）以上时取前6名；
6～9人时取前3名；
3～5人时取前1名；
1～2人时不录取名次</td></tr>
<tr><td>太极拳</td><td>男子（女子）太极拳</td></tr>
<tr><td>南拳</td><td>男子（女子）南拳</td></tr>
<tr><td rowspan="2">短器械</td><td>剑术</td><td>男子（女子）剑术</td></tr>
<tr><td>刀术</td><td>男子（女子）刀术</td></tr>
<tr><td rowspan="2">长器械</td><td>枪术</td><td>男子（女子）枪术</td></tr>
<tr><td>棍术</td><td>男子（女子）棍术</td></tr>
<tr><td rowspan="3">其他拳术</td><td>一类</td><td>男子（女子）其他拳术一类</td></tr>
<tr><td>二类</td><td>男子（女子）其他拳术二类</td></tr>
<tr><td>三类</td><td>男子（女子）其他拳术三类</td></tr>
<tr><td rowspan="3">其他器械</td><td>单</td><td>男子（女子）其他器械（单）</td></tr>
<tr><td>双</td><td>男子（女子）其他器械（双）</td></tr>
<tr><td>软</td><td>男子（女子）其他器械（软）</td></tr>
<tr><td>对练</td><td>对练</td><td>男子（女子）对练</td></tr>
<tr><td>集体项目</td><td>集体项目</td><td>男子（女子）集体项目</td></tr>
<tr><td>计七大项</td><td>15小项</td><td>男女共计30个组别</td></tr>
</table>

按照以上方法分组后，逐组地将运动员按（　　）、单位、姓名的格式抄写。其他拳术、其他器械项目及对练项目应写明具体的小项项目名称。前面的括弧作为填写抽结果之用，□□□为运动员姓名。格式举例如下：

男子长拳

（　　）北京□□□　（　　）天津□□□　（　　）河北□□□

（　　）河南□□□　（　　）山西□□□　（　　）上海□□□

男子其他器械（单）

（　）北京□□□朴刀
（　）北京 □□□朴刀
（　）上海 □□□朴刀
（　）封建 □□□太极剑
（　）湖北 □□□太极剑
（　）四川 □□□醉剑
（　）上体 □□□醉剑
（　）封建 □□□南棍

女子对练

三人对拳（1对）
（　）重庆□□□ □□□ □□□
对刺剑（2对）
（　）河北□□□ □□□
（　）上海□□□ □□□
双刀进枪（2对）
（　）河南□□□ □□□
（　）四川□□□ □ □
双刀进双枪（2对）
（　）四川□□□ □□□ □□□
（　）天津□□□ □□□ □□□
三节棍对盾牌刀棍（1对）
（　）北京□□□ □□□ □□□

由上例可见，各组别均把所参赛小项按自身规律集中编排抄写。按以上方法将所有竞赛组别全部抄写完毕后编入秩序册，以备抽签确定实际比赛顺序之用。

（四）安排竞赛日程

竞赛日程是由编排记录组赛前事先设计好的竞赛进程，具有时间性和空间性。通常以表格的形式列出，称为竞赛日程表，特点是简捷、直观。它是整个赛会组织人员、裁判人员、运动员及大会工作人员共同遵守和行动的依据。竞赛日程设计的是否合理直接影响到赛会运行质量和效果，故应遵循上述编排原则相关条款进行。

1. 制订竞赛日程的步骤

（1）首先看大会设几个场地。设一个场地比较好安排，如果是两个场地，通过测算、分析、比较以确定两块场地的使用方法。

（2）把各组别合理地分配到各场次中去。应使同一场中的两场地比赛所需时间基本相同，并避免项目雷同。

安排时要注意裁判组的执裁分工要与比赛项目安排相吻合，以免在时间和空间上发生冲突。

2. 竞赛日程模式介绍

虽同为武术套路比赛，但因竞赛性质、比赛项目、参赛性别、年龄组别、裁判设置，以及参赛人数、场地数量、赛程时间等情况不同，所以编排时要遵循编排原则，根据赛会所给各项具体条件进行设计，制订出的竞赛日程应是那一次比赛的最佳方案。所谓最佳竞赛日程方案，其标准取决于是否最大限度地体现上述各项编排原则。另外，节省总赛程时间也是制订竞赛日程考虑的重要因素。

（1）设一个场地的编排方法。以1994年天津市八运会少年武术比赛为例，所给条件：一个场地。队别：男、女队。年龄组别：甲、乙组。比赛项目：男女甲、乙组分别设拳术、短器械、长器械三项。

测算和设计：男女甲、乙组共形成12 个组别。各组别间隔编排，使每一名运动员在一场中只赛一个项目，使每组运动员都有较充裕的相同的间隔时间以恢复体力（每个组别还均有一场轮空），体现了竞赛的利益均等原则。每场3组，容量适宜，共需两天四场赛完。设两个裁判组，分别评判甲组和乙组，一场中做一次轮换，属正常范围。本竞赛日程在实施中运转正常，具体见表2。表中标记用以说明各组别的间隔状况。

表2　1998年宜昌市青少年武术比赛日程表

日期	时间	内容
8月16日	上午8：30	女子乙组拳术　○
		男子乙组拳术　◎
		女子甲组拳术　□
	下午2：00	男子甲组拳术　※
		女子甲组短器械　□
		男子乙组短器械　◎

（续表）

日期	时间	内容
8月17日	上午8：30	男子甲组长器械　※ 女子乙组短器械　○ 男子乙组长器械　◎
	下午2：00	女子甲组长器械　□ 女子乙组长器械　○ 男子甲组短器械　※

注：表中标记用以说明各组别间的间隔状况。

（2）设两个场地按男、女组别分开使用的编排方法。以1994年全国锦标赛（套路团体赛）为例，所给条件：两个场地。队别：男、女队。比赛项目：长拳、南拳、太极拳、刀、剑、枪、棍、其他拳术、其他器械、对练、集体项目。

测算和设计：首先考虑如何使用场地。经测算，拳术与器械项目数量不等，不宜按拳术器械分用场地。根据项目数量、各组别人数及每场可容纳数量，采用男女项目分开各使用一个场地进行比赛的方法为宜。全国锦标赛由于项目多，每天安排三场（最后一天两场）以缩短总赛程。比赛项目11个，男女共22个项目，形成22个组别。分2个裁判组，分别评判男子组和女子组。两组裁判在两个场地同时工作，形成两个相对独立的系列，在时间和空间上均不冲突。共用4天11场21个场次赛完，并做到同一场地项目不同，所需时间大体相等。最后一场安排男、女集体项目，具体见表3。

表3　1994年全国武术锦标赛（套路团体赛）竞赛日程表

日期	时间	一场地（男子）	二场地（女子）
5月20日	上午8：30	枪术	长拳
	下午2：30	棍术	南拳
	晚上7：00	其他器械	对练
5月21日	上午8：30	南拳	剑术
	下午2：30	长拳	刀术
	晚上7：00	对练	其他拳术
5月22日	上午8：30	剑术	太极拳
	下午2：30	刀术	枪术
	晚上7：00	其他拳术	其他器械
5月23日	上午8：00	太极拳	棍术
	下午2：30		男、女集体项目

（3）设两个场地按拳术器械分开的编排方法。以1998年宜昌市青少年武术比赛为例，所给条件：两个场地，但是男、女年龄组别多，项目多，编排较为复杂。参赛分男、女高中、甲、乙、丙四个年龄组。比赛项目：高中组设拳术、短器械、长器械三项。甲组设拳术、短器械、长器械三项；乙组设拳术、器械两项。丙组设拳术、器械两项。男女共计20 个组别。

测算与设计：如按男女分开各使用一个场地的方法设计会出现运动员重场现象，不符和竞赛原则，不可取。经比较唯一可行的方法是，无论哪个组别均采用拳术和器械分开各使用一个场地的方法。在7场的比赛中，除两场次需裁判组轮换外，均一裁到底。编排方法比较合理。第7场的集体基本功如果安排在第二场地同时进行则会使部分运动员影响了参加本队的集体基本功比赛，不可取，故单独放在最后，详细安排见表4。

表4　1998年宜昌市青少年武术比赛竞赛日程表

日期	时间	一场地	二场地
6月7日	上午8：30	女丙拳术21人 女甲拳术16人 女高拳术4人	男乙器械28人 男甲短器械22人 —
	下午2：00	男丙器械27人 女甲短器械16人 女高短器械4人	女乙拳术28人 男甲拳术22人 男高短器械11人
	晚上7：00	男丙拳术29人 男乙拳术28人 男甲长器械22人	女乙器械22人 女甲长器械16人 —
6月8日	晚上6：00	女丙器械20人 女高长器械4人 集体基本功12队	— 男高长器械11人 —

（4）设两个场地按甲乙年龄组分开使用的编排方法。以1998年全国少年武术锦标赛竞赛为例，所给条件：两个场地。参赛队：男、女队。年龄分组：甲、乙组。比赛项目：甲组设长拳、南拳、太极拳、刀术、剑术、枪术、棍术、对练8项。乙组设规定拳、刀术、剑术、枪术、棍术、集体基本功6项。

测算与设计：采用甲组和乙组分开各使用一个场地进行比赛的方案。这样分成两部分，自成系列。设两组裁判在两场地同时评判甲、乙组。这样，在时间和空间上都互不冲突。男女甲组16个组别、男女乙组10个组别加集体基本功计11个组别。男、女总计27个组别。集体基本功3天7场赛完。乙组集体基本功27队在最后一场单独进行。前6场做到同一场项目不同，所需时间大致相等，具体见表5。

表5　1998年全国少年武术锦标赛竞赛日程表

日期	时间	一场地（甲组）	二场地（乙组）
8/17	上午8：30	女子枪术24人 女子棍术24人	男子规定拳56人 男子对练23人
	下午2：30	男子太极拳13人 女子太极拳13人	男子剑术19人 男子刀术38人
	晚上7：30	男子南拳14人 女子刀术24人 女子剑术22人	女子剑术31人 女子刀术24人
8/18	上午8：30	女子南拳12人 女子长拳24人 男子长拳30人	女子规定拳57人
	晚上7：30	男子剑术19人 男子刀术36人 女子对练21对	男子枪术19人 南子棍术37人
8/19	上午8：30	男子枪术22人 男子棍术35人	女子枪术30人 女子棍术27人
	晚上7：30		甲、乙组集体基本功27队

（五）确定各组内运动员的比赛出场顺序

确定各组内运动员上场顺序是以随机理论为依据，采用抽签的办法来确定的，以此体现运动员机会均等、利益均等的竞赛原则。

1. 抽签人的确定

抽签方法是由参赛队的教练或领队组成抽签代表作为抽签人进行抽签。目前在全国性、国际性比赛中多采用此法，它是由参赛队的教练或领队在赛前24小时规定的时间内，在组委会监督和编排记录长主持下，抽签确定各组内运动员实际上场顺序。具体操作方法如下：

（1）首先根据秩序册中各组别出现的时间先后顺序，通过抽签办法确定哪个抽签代表抽哪个组，编排记录组的人员在抽签过程中做同步记录。

（2）然后由各位抽签代表将抽得的项目组依次通过抽签将各组内运动员的出场顺序全部确定下来。此方法的特点是公开、公平。特别是抽签代表抽哪个组是由抽签决定的，不是编排组或参赛一方的教练员主观决定的。表6是1998年全国武术套路锦标赛（个人赛）暨亚运会选拔赛抽签时所用的抽签代表抽得组别同步记录表。

表6　抽签代表抽得组别同步记录表

序号	抽签代表	抽得组别	序号	抽签代表	抽得组别
1	北京	24、40	16	广西	13
2	河北	6	17	重庆	8、32
3	山西	26	18	四川	5
4	辽宁	1、37	19	云南	10、36
5	吉林	14	20	陕西	7、35
6	上海	21	21	甘肃	23
7	江苏	19	22	北体大	2
8	浙江	28	23	上体	4、39
9	安徽	11	24	武体	30
10	福建	20	25	成体	18、33
11	江西	22	26	西体	16、31
12	山东	3、42	27	军体	17
13	河南	25、38	28	解放军	29
14	湖北	12	29	前卫	27、34
15	广东	15	30	天津	9、41

2. 抽签的方法

（1）两次抽签确定比赛顺序的项目。在全国锦标赛和全国少年锦标赛中，除了男女长拳、南拳、太极拳、刀术、剑术、枪术、棍和集体项目一次抽签即可确定比赛顺序外，其他拳术一、二、三类，其他器械单、双、软和对练共7项、男、女14个组别须通过两次抽签才能确定比赛顺序。

“其他拳术”和“其他器械”分别内含三类，各类又内含若干拳种或器械以供运动员选赛，录取名次是以“类”进行的。如“其他拳术一类”里又包含形意、八卦、八极三个拳种，即不同拳种在一起录取名次。基于这个特殊情况，为便于裁判评判、运动员场上竞争，相同的小项须集中编排。对练也须把相似的项目集中编排。

（2）两次抽签确定比赛顺序的方法。分组时将如上14个组别内的小项先集中编排，抽签时不要打乱，保持相同小项仍连接在一起的效果。两次抽签的目的保证了相同小项的集中，有利于运动员场上竞争，也有利于裁判员评判。

以“男子其他拳术一类”为例，三个拳种先分别集中排列，第一次抽签确定拳种出场顺序（各拳种后面的序号）。第二次抽签分别确定各拳种内运动员比赛顺序（括弧里的序号）：

男子其他拳术一类

（3）北京□□□八卦掌
（1）河南□□□八卦掌 ｝2
（2）前卫□□□八卦掌
（1）山西□□□形意拳
（3）安徽□□□形意拳 ｝3
（2）云南□□□形意拳
（1）上海□□□八极拳 ｝1

最后用统一序号串连，为正式比赛顺序：

男子其他拳术一类

（1）上海□□□八极拳
（2）河南□□□八卦掌
（3）前卫□□□八卦掌
（4）北京□□□八卦掌
（5）山西□□□形意拳
（6）云南□□□形意拳
（7）安徽□□□形意拳

3. 关于“第一出场者”的处理办法

因套路比赛是运动员先后上场演练由裁判员评判，运动员都希望往后排。原因有二：一是运动员想多获得一点心理准备和调整的时间，以利技术发挥；二是多数运动员、教练员感觉评分常会出现分数趋高现象（这是由于裁判员“观察与思维”对大脑的刺激阈值随时间的延长而发生变化，但有丰富经验和水平较高的裁判员能够自我控制），因此运动员一般不愿在某一组中第一个上场，关于这个问题的解决办法目前有两种。

（1）在正式抽签之前先进行测算（参赛男女项目不等，须分别计算），用总竞赛组数除以总队数，如男子共有14个组，除以总队数7，平均每队第一出场者应为2名，不能整除的仍采用抽签办法随机确定，即有个别队第一出场者达到3名。如果某队已达到均数但又抽到1号牌，应立即调整，以避免该队第一出场者的次数超出。

（2）可不考虑使各队第一出场的数量达到均等问题，只考虑某一个运动员（不管是哪个队的）第一出场者的次数不得出现两次，如出现两次则及时调整。此种方法较之第一种方法简便，目前全国性的和国际性的武术比赛多用此法。

在抽签过程中，为避免某运动员出现两次第一出场现象而不能及时发现，编排组同样在事先设计好的记录表中把已经抽到第一上场的运动员姓名同步记录下来，以免遗忘，在继续抽签过程中，如该名运动员超出规定，即进行调整。

所有的竞赛组全部依次抽签，把抽得的号位填在每个运动员相应的括号内。

（六）检查和校对工作

在检查和校对工作中，如发现不符合编排原则或错项、漏项等问题，应及时调整和纠正。

（七）誊清、打印，编入大会秩序册

经过检查和校对，确认无误后，按抽得的先后顺序重新誊清、打印。目前全国比赛采用的方法是先印制秩序册，在秩序册上抽签确定各组运动员上场顺序，然后再按照确定后的顺序重新排序、打印实际上场顺序单，供比赛使用。

三、记录工作

记录工作要细心准确、一丝不苟、有条不紊，整个工作程序分为赛前、赛中、赛后三个阶段。

（一）赛前工作内容

（1）印制各种表格，如单项竞赛成绩记录表、竞赛评分表等。
（2）准备各种用品、用具。

（二）赛中工作内容

（1）收回和登记成绩，并公布成绩。
（2）统计成绩（团体总分、全能、单项）。
（3）排列各项录取名次。
（4）公布成绩。

（三）赛后工作内容

（1）公布各项录取名次。

（2）印发成绩册。

（3）整个比赛结束后把成绩册送交各队。

（4）整理有关资料交有关部门存档。

第三节　武术套路竞赛规则与裁判方法简介

武术套路竞赛规则是规范武术套路的章程，它对武术运动发展具有强有力的导向作用。随着武术运动技术的不断发展，规则也在不断地发展、变化、完善和更新。本节介绍的是目前使用的2012年武术竞赛规则。

一、武术套路竞赛规则

（一）竞赛的一般常识

1. 执行裁判人员组成

总裁判长1人、副总裁判长1～2人。裁判组设裁判长1人、副裁判长2人；A组评分裁判员2～3人；B组评分裁判员3人；C组评分裁判员2～3人。编排记录长1人，检录长1人。

2. 竞赛分类

按类型可分为个人赛、团体赛、个人及团体赛；按年龄可分为成年赛、青少年赛、儿童赛。

3. 竞赛项目

长拳、太极拳、南拳、剑术、刀术、枪术、棍术、太极剑、南刀、南棍、传统拳术、传统器械、对练项目和集体项目。

4. 竞赛年龄分组

成年组、青少年组和儿童组。

5. 比赛顺序

在竞赛监督委员会和总裁判长的监督下，由编排记录组抽签决定比赛顺序。

6. 检录

运动员须在赛前40分钟到达指定地点报到，参加检录，并检查服装和器械。

7. 礼仪

运动员听到上场点名时和完成比赛套路后，应向裁判长行抱拳礼。

8. 得分相同的处理

个人分别以难度分高者、以完成高等级难度数量多者、以演练水平分高者、以演练水平扣分少者、以动作质量扣分少者顺序排列名次。全能或团体以比赛中获单项第一名多者列前，依次类推。

9. 竞赛有关规定

（1）难度填报：参赛的运动员必须根据竞赛规则与规程要求选择难度和必选主要动作，于赛前20天在规定网站填报“武术套路难度及必选动作申报表”，并确认打印，签字、盖章后寄往赛会（以到达邮戳为准）。

（2）套路完成时间：长拳、南拳、剑术、刀术、枪术、棍术、南刀、南棍套路，青少年（含儿童）不少于1分10秒；成年不少于1分20秒。太极拳、太极剑自选套路为3～4分钟；太极拳规定套路为5～6分钟。对练套路不得少于50秒。集体项目为3～4分钟。传统项目，单练不得少于1分钟。

（3）比赛音乐：规程规定的配乐项目必须在音乐（不带歌词）伴奏下进行，音乐可以根据套路的编排自行选择。

（4）比赛服装：裁判员应穿统一的服装，佩戴裁判等级标志；运动员应穿武术比赛服装。

（5）竞赛场地：个人项目场地长14米、宽8米。集体项目的场地为长16米、宽14米。场地四周内沿应标明5厘米宽的白色边线。场地的地面空间高度不少于8米。两个比赛场地之间的距离为6米以上。

（6）比赛器械：国家体育总局武术运动管理中心指定的器械。

（7）比赛设备：大型比赛必须配备摄像机4台、放像设备3台、电视机3台，以及全套电子评分系统和音响系统。

（二）评分标准与办法

武术套路各项目评分均为10分制。自选项目动作质量分为5分（A组），演练水平分为3分（B组），难度分为2分（C组）。传统项目或无难度的自选项目动作质量分为5分（A组），演练水平分为5分（B组）。

1. 动作质量的评定与动作质量应得分的确定

A组裁判员根据运动员现场完成动作的质量，按照“动作规格常见错误内容及扣分标准”的要求，用动作质量的分值减去各种动作规格错误和其他错误的扣分，即为运动员的动作质量分。

2. 演练水平的评定与演练水平应得分的确定

（1）自选项目：B组中由1名裁判员加裁判长按照套路动作劲力、节奏及音乐的要求整体评判后确定的等级平均分数减去另外2名裁判员对套路编排错误的扣分，即为运动员的演练水平分。

（2）传统项目：B组裁判员根据运动员整套的现场演练，按照劲力、节奏、编排及音乐的要求整体评判后确定示出的分数，即为运动员的演练水平分。取3个分数的平均数或去掉高低分取中间2个分数的平均值为运动员的演练水平应得分。

3. 难度的评定与难度应得分的确定

C组裁判员根据运动员现场整套难度完成的情况，按照各项目动作难度和连接难度的加分标准，确定运动员现场完成动作难度、连接难度的累计分，即为运动员的难度分。

4. 运动员实际应得分数的确定

（1）自选项目：动作质量应得分、演练水平应得分和难度应得分之和即为运动员的应得分数。

（2）传统项目：动作质量应得分和演练水平应得分之和即为运动员（队）的应得分数。

5. 运动员最后得分的确定

裁判长从运动员的应得分中减去“裁判长的扣分”，加上创新难度的加分即为运动员的最后得分。

6. 裁判长的加分与扣分

裁判长执行对比赛中被确认完成的创新难度的加分，执行对比赛中套路时间不足或超出规定的扣分。

二、武术套路竞赛裁判法

武术套路竞赛的裁判评分，是以规则为准绳，以运动员现场技术发挥为依据，采用减分、给分和加分的办法进行的。由于武术套路的评判内容多，要求裁判员在短时间内完成快速、准确的评判工作。但是，任何事物都有其内在的基本规律，只要我们在熟悉规则的基础上，进一步总结经验，有层次地对武术套路内容认真进行观察和比较，评判工作完全是可以做好的。

（一）对动作质量分的评判

武术套路有诸多武术单个动作所组成，每一个完整的武术动作，又是由“型”和“法”所构成。套路演练中，定势动作主要看其型正确与否。对“法”的评判，着重要看方法是否正确，运行路线是否合理、清楚，力点是否准确等。

套路演练中的各种“型”与“法”，在规则中都分别有相应规格的表述，因此，熟记和灵活运用规则中“动作规格常见错误内容及扣分标准”是评好评分动作质量分的基础。

对于动作质量的评分，原则是出现一次错误扣一次分，累计扣分，具体实扣。比赛场上，运动员的演练速度很快，裁判员应在边看边记的过程中，切实把动作规格方面的扣分点一一清楚地表示出来，以便达到快速而准确的评判目的。

（二）对整套演练水平的评判

整套演练分的评分属抽象部分评分，不像动作质量分的评判那样，扣分依据较为明显，能够具体实扣，它是通过比较法得出结果的。因此，它不但要求裁判员全面熟悉规则精神，而且需对所评项目熟悉了解，通过观看运动员的现场发挥水平，在全面把握的基础上，具体分析，认清档次，使评分趋于合理。

（1）对功力（劲力、协调）的评分。

（2）对演练技巧的评分。

（3）对编排（内容、结构、布局）的评分。

（三）对难度动作的评分

难度动作是竞技武术套路发展的必然产物。设置它的目的在于增加竞技武术套路的可比性和裁判员评分的区分度。比赛过程中，运动员对难度（包括连接难度）动作完成的成功与否，直接影响他的比赛成绩和名次。因此，评判难度动作首先要熟练难度动作的规格要求，熟悉完成难度动作过程中常见的毛病与扣分要点；善于总结评判经验，要眼明手快地对难度动作进行准确评分。

（四）对其他错误的扣分

其他错误扣分是指裁判员对比赛中运动员完成动作技术时失误的扣分。自选套路、其他拳术、器械、对练项目、集体项目都有相应的“其他错误内容及扣分标准”。裁判员应对规则规定的扣分内容和相应的扣分分值熟记在心，评分过程中做到熟练执行。按其他错误出现一次扣一次，将扣分点及时记入评分表中。一个动作同时出现两种以上错误时，应累计扣分。

第四节 中学武术套路竞赛的组织与裁判

在中学组织武术比赛，是推动学校课外活动、普及武术运动、检查武术教学效果的一种好形式。武术竞赛所需场地、器材要求不高，对物质条件比较差的学校，开展武术竞赛是切实可行的。

一、中学武术竞赛的内容

一般来说，学校武术竞赛的内容，可以是课堂的教学内容，也可以是课外训练的内容。根据目的不同，比赛的内容也不一样。如果为了掀起学生学习基本功和基本动作的热潮，比赛的内容可以定为基本功和基本动作的比赛。如果为了选拔武术骨干，组建武术队或检查武术套路的学习、掌握情况，可以把基本功和套路比赛结合起来。如果为了提高武术队的技术水平，就把比赛内容和比赛规则结合起来。根据目的不同，确定不同的比赛内容。比赛的形式多种多样，可以根据本校教学计划和课外活动的安排，集中时间利用节假日进行规模较大的全校性的比赛；也可以利用课外活动时间分散进行。参加的对象根据目的而定，有以班级为单位的集体比赛；有计班级总分的个人比赛；有以个人名义参加的比赛；还可以在学校大型活动（如校庆、校运动会）中穿插进行表演或比赛。

二、中学武术竞赛的组织与裁判

学校武术竞赛的组织工作，要根据学校体育教师人数少、学生多，以普及为主的特点来安排整个竞赛工作。为了保证比赛有组织、有计划、有步骤地进行，竞赛工作必须发挥体育教研组的作用。在教研组的统一指导下，对有关的比赛事宜，如竞赛、裁判、宣传教育、场地器材进行认真的研究，明确分工，责任到人。

（一）竞赛前的准备工作

1. 成立组织机构

学校性的组织竞赛，由体育教研组负责组织，邀请主管的校领导、总务主任、各年级班主任、校医等参加组织竞赛委员会，领导竞赛工作。其组织机构形式如下。

（1）竞赛组：制订比赛及各项活动日程，召开裁判、领队会议，传达大会有关精神和要求，负责比赛的组织工作。

（2）宣传组：摘要介绍比赛规程、规则和有关的宣传材料，报道大会比赛情况。

（3）总务组：负责场地、器材的设置与安排。

（4）裁判组：负责组织裁判人员学习竞赛规则和规程，研究裁判方法，做好裁判工作。

（5）编排记录组：审查报名表，并根据大会要求，编排好秩序册，准备比赛时需要的各种表格，审核比赛成绩，公布名次。

（6）保卫组：做好比赛治安保卫工作。

（7）医务组：负责比赛期间临场伤病的治疗与处理。

2. 制定竞赛规程

武术竞赛规程是组织者共同遵守的法则，一旦通过和颁布之后，任何人无权修改。因此，竞赛规程可由教研室一人起草，经教研室集体讨论通过，提交竞赛委员会审批，然后向全体师生公布执行。竞赛规程的内容一般包括竞赛名称、竞赛目的、竞赛项目及分组、比赛和报名的时间及地点、参加单位及人数、录取名次和奖励办法（其中包括精神奖和物质奖）等。

3. 结合实际搞好编排

编排工作是竞赛能否顺利进行的关键，如果搞不好，就会影响比赛的顺利进行，达不到预期的效果。因此，在编排时应注意以下几个问题。

（1）根据报名人数和单项所需时间及裁判员的技术水平，测算出比赛所需用的时间，然后再安排比赛项目。学校武术比赛可编秩序册，如果参加人数较少，也可以不编秩序册。比赛的秩序册应张贴出来，以便让各年级的学生对整个比赛顺序有所了解。

（2）比赛一般按先拳术后器械再对练的顺序进行。根据测算所需用的时间，灵活安排好个人项目比赛和集体项目比赛的顺序。注意把同一学生参加的集体项目和个人项目尽量拉开，以便让学生发挥水平。集体项目可安排在单项比赛前或最后进行。

（3）出场顺序的安排。无论是集体项目或个人单项，一般按班级抽签决定，可由体育委员、班主任或运动员自己抽签。

（4）编排时准备必要的表格，以供比赛时用，如竞赛成绩记录表、武术单项记录名次表、集体项目录取名次成绩表等。

4. 竞赛的宣传教育及发奖

学校运动会本身就是对运动员和全体学生进行体育教育的良好机会。因此，要充分利用黑板报和广播宣传教育等工具，在赛前、赛中广泛向学生进行宣传，以提高他们对参加武术比赛的认识，掌握正确的锻炼方法，了解武术比赛的一般规则和基本知识。在宣传中注意发挥共青团和学生会的作用。此外，对奖品的颁发也不能忽视，必须专人负责，做到比赛结束时奖品发完。

（二）场地器械

大型的比赛场地要求在地板、地毯上进行。场地长14米、宽8米，并有明显的中线标记。学校的武术比赛可利用水泥球场或平坦的场地进行。比赛的器材尽量符合规则要求，条件差的可用木刀、木剑等代用器械。一般对器械的长度、重量、直径等可降低要求。场地的安排和布置，观众位置的划分，通常由教师兼管，也可以由学生骨干负责。

（三）裁判的组成

学校武术竞赛的裁判，一般由体育教师担任，由教研组召集有关会议，进行分工和组织裁判学习。如果为了培养骨干，也可以选拔有经验的学生参加，但必须由专人负责对他们进行指导。学习内容有竞赛规程、规则、评分标准和方法。有条件的地方尽可能进行裁判实习，发现问题及时解决。

（四）裁判工作

裁判工作的好坏直接影响比赛的进行和质量。裁判员的思想业务水平和工作态度，直接影响运动员技术水平的发挥和成绩的提高。尤其是武术裁判，要求更高。在赛前一定要吃透评分标准，熟练掌握各个规定动作的技术规格，而且要有裁判工作的荣誉感和责任心。在执行任务时不受外界环境的干扰，独立评分，努力做到“严肃、认真、公正、准确”八个字。“公正”二字最为重要，如执法不公，会影响运动会的顺利进行和运动员技术水平的发挥，甚至会助长歪风邪气的产生。与此同时，还要注意纠正主观片面和偏爱的倾向。

1. 裁判员的组成

中学武术比赛，设总裁判长1人，副总裁判长2人，裁判员3～5人。另需要记录员1人，也可以由裁判长兼任。

裁判员赛前应组织学习规程、规则，掌握评分标准，并进行裁判实习，以便统一认识，统一评分标准。

裁判员临场比赛的位置，可根据人数多少安排在场地的四周，从不同的角度进行评分，也可以坐在一排进行协商评分。

2. 评分标准

武术运动特有的精神、劲力、身法、节奏是贯彻在整套动作之中的，这些内容既存在区别又有内在联系。一般说来，徒手动作的身法和器械套路的身械协调是表现运动水平的主要方面。在评分过程中透过动作的规格，重点抓拳术的身法、器械的身械协调，兼顾精神、节奏、劲力等方面。如果是集体项目则主要是要求队形整齐、动作协调一致。中学武术竞赛，通常是教学内容的比赛，应根据具体情况灵活掌握，可参考教学中技评考核的标准进行，把分数线划分成五个档次（优、良、中、及格、不及格），便于临场评分。如果是武术队的比赛，最好按国家1991年规则精神进行，即长拳、刀术、枪术、剑术、棍术的评分标准：动作规格分值6分，劲力协调分值2分，精神、节奏、结构、布局的分值2分。

（1）基本功基本动作的评分标准。

①优秀91分以上：姿势正确，动作规范，手眼配合好，劲力顺达，武术意识好。

②良好81～90分：姿势正确，动作较规范，手眼配合好，劲力顺达，有武术意识。

③中71～80分：姿势较正确，动作较规范，能手眼配合，劲力顺达。

④及格60～70分：姿势较正确，动作较规范，能手眼配合，劲力较顺达。

⑤不及格（60分以下）：姿势不正确，动作不够规范，手眼配合差，劲力不协调。

（2）规定套路的评分标准。

①优秀91分以上：姿势正确，动作规范，劲力顺达，套路熟练，手眼配合好，武术意识强。

②良好81～90分：姿势正确，动作规范，劲力顺达，套路较熟练，手眼配合好，有武术意识。

③中71～80分：姿势正确，动作协调，套路不够熟练（遗忘达两次），能手眼配合。

④及格60～70分：姿势较正确，动作不够规范（手型、步型的错误超过两次），但能完成套路（遗忘不超过两次）。

⑤不及格60分以下：姿势基本正确、套路不熟练（不能独立完成套路）。

（3）自选套路的评分标准。

①优秀91分以上：姿势正确，方法清楚，动作协调，节奏分明，内容充实，特点突出。

②良好81～90分：姿势正确，方法清楚，动作较协调，有节奏感，特点突出。

③中71～80分：姿势较正确，方法较清楚，劲力顺达，能手眼配合，套路较熟练。

④及格60～70分：姿势较正确，方法欠清楚，劲力不够顺达，但能完成套路。

⑤不及格60分以下：姿势不太正确，方法也不清楚，僵劲突出，遗忘超过三次以上。

遗忘是指不该停顿的地方产生停顿，但还能自己做下去。如果因遗忘而不能自己做下去并中途退场者，算不能完成套路，不予评分，可重做一次，但在最后评分时应扣除10分（如果采用10分制评分，则需扣1分）。

3. 比赛的进行和评分方法

（1）记录员根据比赛的顺序，宣布运动员入场，运动员在场地的右半场内站好，待裁判长示意后，运动员开始演练，演练后成立正姿势站好，裁判长点头示意，运动员方可退场。

（2）在运动员演练时，裁判员通过简单符号，扼要记录演练中出现的错误，标明扣分的多少，并根据评分标准确定运动员的档次，即优、良、中、及格、不及格。然后在该档次中确定分值，准备示分。

（3）裁判长鸣哨后，各裁判员同时示分，并首先使裁判长看到，然后使运动员和观众看到。接着裁判长报分，记录员按照1、2、3、4、5号裁判员的顺序把分数记录下来，去掉最高分和最低分，其余的取平均数，再减去裁判长的扣分（如漏做规定动作、时间不足、起势、收势不附合要求等），即为运动员的最后得分。

（4）在评分过程中，每个项目的第一名运动员成绩应慎重处理。示分前裁判长可召集裁判员认真研究，统一尺度后再公开示分。如果在评分中裁判长发现裁判员之间评分相差太大，也可召集裁判员协商。注意最后评分的一致性，不能有前紧后松或名次颠倒的现象发生。

（5）如果是几个裁判员一起协商，则由裁判长根据评分的内容和要求提出初步意见，经集体协商后再示分。

思考、作业题

（1）简述武术套路竞赛的编排原则和方法。

（2）简述武术套路竞赛规则的评分内容和标准。

（3）学校武术竞赛编排应注意哪些方面问题?

（4）制定一份班级武术竞赛规程。

（5）针对中学的实际，谈如何进行武术套路的竞赛。

第六章　武术图解方法及常用动作术语

【内容提要】本章对武术图解的结构、内容和武术图解的自学方法进行了系统的阐述。武术术语是武术运动特有的专门用语，本章对部分常用拳术、器械动作术语、名称和要求进行了介绍。

【学习目标】通过本章的学习，使学生明确自学武术图解的意义，掌握武术图解的概念、结构内容及看图解自学武术的方法，有利于自学武术技术教材的能力形成。通过常用拳术、器械动作术语的学习，使学生正确掌握术语及其内涵，有助于在武术教学中正确使用。

第一节　武术图解的结构与内容

记载武术动作和套路需要文字和图。用文字叙述武术动作名称，讲解武术动作的详细过程、方法和要领；用图来显示武术动作姿势、动作方向和身体各部位（包括器械）的运动路线，两者结合，称为武术图解。武术图解是记录武术动作和套路的主要方式。

武术不仅形式、种类繁多，而且技术内容不断发展。正确掌握武术图解知识，不仅便于习练者自学自练武术，而且对于自修能力的培养和技术水平的提高具有重要意义。作为体育教师和武术教练员，正确掌握自学武术的方法，对于学习武术技术、提高教学训练效果尤为重要。

自学武术一定要学会看武术图解。武术技术图解的结构及其内容一般包括如下几方面。

一、文字说明

（一）动作名称

在文字叙述各个动作之前，都有动作名称以帮助记忆和理解动作。在这些动作名称中有上下肢动作术语结合起来命名的动作名称，如“弓步冲拳”“马步架打”，有形象化的动作名称，如“白鹤亮翅”“手挥琵琶”，还有说明攻防方法的动作名称，如“缠腕冲拳”“搂手砍掌”等。

（二）动作做法

（1）文字叙述顺序：文字叙述过程中，一般先叙述下肢动作（步型、步法、腿法等），继之叙述运动方向（向前、向后、向左、向右等），再叙述上肢动作（手型、手法、肘法、器械持握法及运动方法），最后叙述眼注视的部位或方向。在特殊情况下，则以身体各部位运动的先后程序来写。文字说明中还有“左（右）”的写法，它是指左右互换，左右均可的意思。有运用“同时”两字的，无论先叙述或后叙述身体的某一部分动作，都应一起运动。

（2）武术专用术语：武术术语是武术运动特有的专门用语。在武术运动中，为了简化文字说明，方便记忆与交流，常以术语来解释动作，如“插步双摆掌”动作，即“插步”用了步法术语，而“双摆掌”用了手法术语。因此，在说明动作过程时，就不必详细叙述如何正确插步和双摆掌，只需对它们的衔接及肢体配合多加说明。所以，掌握术语对阅读图解和学习动作会有很大的帮助。

（3）动作要领与方法：要领是为了提示动作的要点，或者说明应注意之处，是做好动作的关键。如“冲拳”的要领：拧腰、顺肩、急旋臂；弓步的要领：前腿弓、后腿蹬、挺胸、塌腰等。阅读时必须认真领会动作要领，并反复练习，才能正确地完成动作。

二、插图

（一）动作姿势

包括正图（或侧面图）、足迹图等。正图是对每一动作主要过程或定式的描绘。有的正图还加一张附图，以对正图补充说明。如背向时看不清手的做法，以附图加以弥补。有的教材还有足迹图，是用来表示脚在运动中的方位和触地面积的。

（二）动作方向

1. 运动方向

图解中的运动方向是以图中人的躯干为准，并且随着躯干姿势及其所处的位置变化而变化。图中的胸前为前，背后为后，左侧为左，右侧为右。另外，还有左前、左后、右前、右后之分。转体时，以转后身体姿势为准，如少年拳第二套从“预备势”起，至“抡臂砸拳”“望月平衡”是以躯干向左（向右）转后的前方为前，背后为后。武术的动作很多，身体的变化也很大，但始终以躯干姿势来确定方向，不受头部和视线的影响。

2. 运动方位

在文字说明中，以东、南、西、北来表示运动方位，这与看地图的方向是一致的。它是以图中人预备姿势的假设来确定的，通常设面对方向为南，右手为西，左手为东，背对方向为北，还有东南、西南、东北、西北等相应的方位。运动方位不受身体姿势变化的影响，全套动作方位固定不变。正确地掌握运动方位，会对套路的往返路线和动作布局的理解有很大帮助。

3. 动作路线

动作路线是描绘动作图形过程之间的运行路线的，包括有身体各部位之间的运行路线和全套动作的往返路线。

（1）身体各部位动作之间的运行路线：武术插图一般用虚线（┈┈►）或实线（──►）表示该部位的下一个动作将要进行的路线。箭尾为起点，箭头为止点。实线与虚线分别表示左右侧肢体（包括器械）的运动路线。一般是用虚线表示左上肢和左下肢的运行路线，用实线表示右上肢和右下肢的运行路线。

（2）整套动作的往返路线：武术套路由若干段（趟）构成，各段的往返路线，一般是单数段向左，双数段向右转回原来的位置。有的套路较为复杂，每段的前进方向经常变化，可将一段分为若干小节，一节节地学就容易弄懂了。

武术套路的收势一般与起势在同一方向，并且位置接近，如果练习中不能基本还原或方向相反，说明动作出现了错误，此时可以对照图解进行认真检查，加以纠正。

第二节　武术图解的自学方法

自学武术图解进而掌握武术技术，必须要有正确的方法和途径。中国武术内容丰富、形式多样，包括拳术、器械、对练、攻防实战等多种内容。自学者可根据自己的爱好和条件，选择适宜的内容进行练习。但初学者应先打好基础，先学练基本功，后学练套路。在学习套路时，应先学练拳术，后学练器械，遵循由易到难、由浅入深、循序渐进的原则进行。此外，还要经过反复练习，才能真正掌握武术技术。识图自学武术的方法可分为个人自学法、合作自学法和音像自学法三种。

一、个人自学法

个人自学法，是在无人帮助的情况下采用的自学方法。这种方法一般适用于有一定武术基础和基本知识的习武者，而初级水平的习武者学习时会有一定困难。在识图自学时，应掌握正确的学习方法，这样才能达到良好的学习效果，其步骤如下。

1. 看图和了解动作名称

在看图学习时，首先，应按动作出现的先后程序，将每一段动作分为数个组合动作，而每一个组合动作由3～5个动作所组合；其次，按其程序先看分解动作图和动作名称，基本领会动作路线、方法及动作间的相互衔接过程；最后，将它们逐一试练。经过反复试练，能够基本独立完成第一组动作后，再学第二组动作，以此建立初步的动作概念。

2. 看文字说明

形成初步的动作概念后，就要认真阅读和理解文字说明，以便掌握正确的动作技术规格。遇到复杂动作时，应通过文字说明来先学下肢动作，再学上肢动作，然后上下肢配合。在看图学习的过程中，凡文字说明有“同时”两字的，是指在同一动作中，无论先写或后写身体的某一部位，都要求一起活动，不要分先后去做。

3. 巩固与提高

基本掌握技术动作后，应重新精读文字说明，注意动作细节，对于要领和要点要融会贯通，直到完全达到动作要求。之后还要在反复练习中来巩固、提高所学技术动作，这样才能收到良好的学习效果。

二、合作自学法

合作自学法，是与同伴共同学习的自学方法。这种方法比个人自学法要简单易行，尤其对初级水平的习武者较为合适。它一方面要求习武者主动学习，认真钻研；另一方面又强调相互帮助，共同提高。

1. 分工

为了提高学习效果，将自学者分为甲、乙两方，甲方的任务是按照文字说明进行正确的讲读；乙方（一人以上）的任务是按甲方讲读的顺序和要求做动作，并注意记忆。

2. 检查学习

乙方做动作时，甲方对照图解检查乙方所做的动作的路线和方法是否正确。如果两者相符，说明动作无误，否则，就应及时指出动作的错误及其造成的原因，以避免形成技术动作的错误定型。

3. 互教互学

按上述步骤和要求全部学完后，再由乙方教甲方。这样互教互学既能学得好，又能学得快。

三、音像自学法

音像自学法是以视频文件和VCD碟片为主要学习媒体的自学方法。这种自学方法克服了个人自学法边看边做的间断性，以及由此带来的方向混淆等缺点，尤其是利用视频文件自学，更明了、直观，有利于学生尽快地掌握较为完整的技术动作，同时还能让学生了解到在图解中难以表达的各个拳种流派的运动技术的整体要求和技术风格。

（一）选择视频

所选内容应能够代表所学内容和拳种风格，示范人的动作应标准、规范，以免引起误导。

（二）观看学习

视频文件准备好后，应反复观看所学内容，以形成初步的动作印象。同时，还可以通过慢放视频文件，边看边做，逐节进行学习，直至基本掌握技术动作。

（三）巩固提高

基本掌握技术动作后，反复观看视频，同时还应对照文字说明，加强动作细节、动作要领和要点的领会，注意演练风格的体现，及时纠正自己的错误动作，并将各小节内容连贯起来练习，巩固提高技术动作，熟练掌握学习内容。

以上三种自学方法，可根据学生的武术基础水平和自学能力及环境条件来选择使用，也可结合起来综合运用。不论采取哪种自学方法，都应该完整、准确地掌握技术动作，以达到自学的目的。

四、自学武术应注意的问题

因为武术套路动作中蕴含丰富的技术要求，如劲力、精神、节奏、风格的表达，要求内外兼修、形神合一，如通过视频文件和VCD碟片自学会好一些，如仅靠图解自学时，需注意以下几点。

1. 认识所学套路的风格特点

套路中不同拳种的技术要求和演练风格各异，如长拳要求姿势舒展、快速有力、起伏转折、明显多变；南拳讲究步法稳固、拳势刚烈、动作紧凑、发声助力；太极拳则要求动作圆活、连贯、轻灵、沉着，运劲如抽丝。总之，在技击方法、劲力方法、节奏处理等方面均有各自的特点。因此，了解书中关于运动特点和技术风格的总体阐述，对确切地掌握技术风格、要领是十分重要的。

2. 技术动作的用意与用法

在看图自学过程中，一般人均能按照图解比划出动作的始末，但从武术技术要求上讲，这只是掌握了动作的过程，还应进一步了解动作的含义，尤其应认识它的技击用意和用法。只是知其然而不知其所以然，就不易体现武术套路特有的风格。因此，练习中要重视套路中拳理的探求和琢磨。

3. 掌握必备的基本功、基本动作

对于初学武术的自学者，应在整套动作学习之前，先掌握它的基本功和基本动作（如拳术中常见的手型、步型、手法、步法练习及主要技法，器械中的一些主要方法），这些基本功、基本动作和方法，一般都有专门的章节列在书中，弄懂其基本技术，学习才会比较顺利。

第三节　常用动作术语及动作要求

武术动作术语是用来说明和记录武术动作的结构、特点及名称的专门用语。动作术语不是对武术动作简单的形象描绘，而是用简明的文字，根据动作的特点对其性质和形式的确切说明。掌握动作术语有助于正确领会动作的含义。武术动作术语有三个基本要求：

（1）正确：能确切说明动作的性质和形式。

（2）简练：以简明的文字说明动作的基本特点。

（3）易懂：术语要使人容易理解与记忆。

一、长拳类

（一）手型

（1）拳：五指卷紧，拳面要平，拇指压于食指、中指第二指节上。

（2）掌：拇指外展或屈曲，其余四指伸直并拢且向后伸张。

（3）勾：屈腕，五指撮拢；或拇指与食指、中指撮拢成刁勾。

（二）手法

1. 拳法

（1）冲拳：拳从腰间旋臂向前快速出击，力达拳面；侧冲、上冲要求同此，唯方向不同。

（2）劈拳：拳自上向下快速劈击，臂伸直，力达拳轮；抡劈时，臂要抡成立圆劈击。

（3）撩拳：拳自上向前上方弧形直臂撩击，力达拳眼或拳心；反撩力达拳轮、拳背或拳心。

（4）贯拳：拳从侧下方向斜上方弧形横击，臂微屈，拳眼斜向下，力达拳面。

（5）崩拳：臂由屈到伸，运用前臂和腕力经下向前崩击，速度要快，臂要直，力达拳面。

（6）栽拳：臂由屈到伸自上向下或向前下栽，速度要快，臂伸直，力达拳面。

（7）砸拳：臂上举，而后屈臂下砸，拳心向上，力达拳背。

（8）横拳：直臂自侧面向前、向后平扫横击，力达前臂及拳背或拳轮、拳眼。

（9）抄拳：臂微屈，拳自下向前上方抄起击打，高不过头，拳背向前，力达拳面。

2. 掌法

（1）推掌：掌由腰间旋臂向前立掌推击，速度要快，臂要直，力达掌外沿。

（2）挑掌：臂由下向上翘腕立掌上挑，力达四指。

（3）穿掌：手心向下，臂由屈到伸，沿身体某一部位穿出，力达指尖。

（4）插掌：臂由屈到伸，直腕向下或斜下插掌，力达指尖。

（5）撩掌：手心向前上，直臂向前撩出，速度要快，力达掌心。

（6）劈掌：由上向下侧掌劈击，直臂，力达掌外沿。

（7）砍掌：仰掌向左、俯掌向右击打，力达掌外沿。

（8）按掌：自上向下按，手心向下，力达掌心。

（9）拍掌：俯掌直腕下拍，快速有力，力达掌心。

（10）亮掌：臂微屈，抖腕翻掌，举于体侧或头上。

（11）搂手：手心向下，向斜外侧划弧，力达掌外沿。

（12）刁手：手腕由伸到屈，向内或向外刁捋，力达手指。

（13）缠手：以腕关节为轴，手掌由内向上、向外缠绕，同时前臂外旋，使手心转向上抓握。

3. 肘法

（1）顶肘：屈肘握拳，手心向下，肘尖前顶或侧顶，力达肘尖。

（2）盘肘：手臂平举，拳心向下，前臂由外向内盘肘。

（3）架肘、里格、外格：屈臂内旋上举，手心向外为架肘；前臂上屈，手心向内，力在前臂，向体内横拨为里格；向外横拨为外格。

（三）步型

（1）弓步：前脚微内扣，全脚着地，屈膝半蹲，大腿接近水平，膝部约与脚尖垂直；另一腿挺膝伸直，脚尖内扣斜向前方，全脚着地。

（2）马步：两脚左右开立约为脚长的三倍，脚尖正对前方，屈膝半蹲，大腿接近水平。

（3）虚步：后脚斜向前，屈膝半蹲，大腿接近水平，全脚着地；前腿微屈，脚面绷紧，脚尖虚点地面。

（4）仆步：一腿全蹲，大腿和小腿靠紧，臀部接近小腿，全脚着地，膝与脚尖稍外展；另一腿平铺接近地面，全脚着地，脚尖内扣。

（5）歇步：两脚交叉屈膝全蹲，前脚全脚着地，脚尖外展；后脚脚跟离地，臀部坐于小腿上，接近脚跟。

（6）坐盘：两腿交叉叠拢下坐，臀部和后腿的大小腿外侧及脚面均着地；前腿的大腿靠近胸部。

（7）丁步：两腿半蹲并拢，一只脚全脚着地支撑，另一只脚停在支撑脚内侧相靠，脚尖点地。

（8）叉步：两腿交叉，前脚脚尖外摆45°，全脚着地，屈膝半蹲，大腿接近水平；另一腿挺膝伸直，前脚掌着地，脚尖向正前方。

（9）横裆步：两脚左右开立，约同弓步宽，全脚着地，两脚尖正对前方，一条腿屈膝半蹲，另一条腿挺膝伸直。

（10）半马步：前腿稍屈、脚尖微内扣，后腿下蹲，大腿略高于水平，脚尖向外，两脚距离同马步，重心略偏于后腿。

（11）并步：两腿伸直并拢，全脚着地，不可起踵。

（四）步法

（1）上步：后脚向前迈步。

（2）退步：前脚向后退步。

（3）盖步：一只脚经另一只脚前横迈一步，两腿交叉。

（4）插步：一只脚经另一只脚后横迈一步，两腿交叉。

（5）行步：两腿微屈，行步平稳，步幅均匀，重心不得起伏，不允许腾空。

（6）纵步：一只脚提起，另一只脚蹬地前跳落地。

（7）跨跳步：后脚蹬地跳起，前脚前摆落地。

（8）跃步：后脚提起前摆，前脚蹬地起跳，接着后脚向前落地。

（9）踏步：一只脚提起向地面踏跺，另一只脚向前上步。

（10）击步：后脚击碰前脚腾空落地。

（五）腿法

（1）弹腿：支撑腿直立或稍屈；另一条腿由屈到伸向前弹出，高不过腰，膝部挺直，脚面绷平，小腿弹出脆快有力，力达脚尖。

（2）蹬腿：支撑腿直立或稍屈；另一条腿由屈到伸，脚尖勾起用脚跟猛力蹬出，高不过胸，低不过腰。前蹬时上身正直；侧蹬时上身稍侧倾；后蹬时上身前俯与后蹬腿成水平。

（3）踹腿：支撑腿直立或稍屈；另一条腿由屈到伸，脚尖勾起内和或外摆用脚底猛力踹出。高踹与腰平；低踹与膝平；侧踹时上身斜倾。

（4）缠腿：支撑腿伸直；另一条腿向内绕环后踹出，力达脚跟。

（5）正踢腿：支撑腿伸直，全脚着地；另一条腿膝部挺直，脚尖勾起前踢，接近前额。动作要轻快有力，上身保持正直。

（6）侧踢腿：脚尖勾起，经体侧踢向脑后；其他同正踢腿。

（7）里合腿：支撑腿自然伸直，全脚着地；另一条腿从体侧踢起经面前向里做扇面摆动落下。其他同正踢腿。

（8）外摆腿：同里合腿，唯摆动方向相反。

（9）单拍脚：支撑腿伸直；另一条腿脚面绷平向上踢摆；同侧手在额前迎拍脚面，击拍要准确响亮。

（六）平衡

（1）前提膝平衡：支撑腿直立站稳；上体正直；另一条腿在体前屈膝高提近胸，小腿斜垂内扣，脚面绷平内收。

（2）燕式平衡：支撑腿直立站稳；上体前俯略高于水平，挺胸展腹；后举腿伸直，高于水平，脚面绷平。

（3）望月平衡：支撑腿伸直或稍屈站稳；上体侧倾拧腰向支撑腿同侧方上翻，挺胸塌腰；另一条腿在身后向支撑腿的同侧方上举，小腿屈收，脚面绷平，脚底朝上。

（七）跳跃

（1）腾空飞脚：摆动腿高提，起跳腿上摆伸直，脚面绷平，脚高过肩，击手和拍脚连续快速、准确响亮。

（2）腾空摆莲：摆动腿要高，起跳腿伸直外摆，脚面绷平，脚高过肩，两手依次击手拍脚共成三响，不能有一响落空。

（3）腾空箭弹：身体腾空，起跳腿由屈到伸向前弹出，高于腰，脚尖向前，力达脚尖。

（4）旋风脚：摆动腿直摆或屈膝，起跳腿伸直，腾空转体270° ，异侧手击拍脚掌，腿高过肩，击拍响亮，转体360° 落地。

（5）大跃步前穿：前跳距离须大于弓步，在空中挺胸抬头、肢体伸展。

二、太极拳类

（一）手型

（1）拳：五指卷曲，拇指压于食指、中指第二指节上。握拳不可太紧。

（2）掌：五指微屈分开，掌心微含，虎口成弧形。手指不可僵直，也不可过于弯曲。

（3）勾：五指第一指节捏拢，屈腕，手指和腕部都要松活自然。

（二）常用动作及要求

（1）野马分鬃：两手心相对成抱球状，两臂须保持弧形。左抱右分或右抱左分，腰部旋转起主导作用。分手和弓腰要协调一致，臂与腿须上下相对，前手高不过头、低不过肩，弓步的前膝与脚尖垂直。

（2）白鹤亮翅：单手向上亮掌，臂要保持弧形，不要折成三角形或伸直，另一手按于体侧。

（3）手挥琵琶：面向斜前方，肩胯要上下相对，两肩松沉，两肘坠合，前手高不过眼，后手举在胸前或停在前肘的内侧，两臂保持弧形。腰背正直，臀部不可凸出。

（4）搂膝拗步：推掌须经耳旁向前推出，不可由上向下劈打，臂不可直，手高不过眼、低不过肩。搂膝不可低头弯腰，也不可用力后撑和伸直臂肘；前推和下搂须上下协调一致，身体须平衡稳定，不偏不倚。

（5）揽雀尾：①“掤”出的臂必须呈弧形，高不过口，肘关节稍低于手，手指既不可软缩无力，也不可僵硬挺直。后手按在体侧。两臂要保持弧形。②“捋”的动作无论弧形大小，都必须呈圆形或曲线，不可直着回抽；两腿移动要分清虚实，上身不可俯仰歪斜。③ “挤”时两臂向前须撑圆，前臂高不过口，同时要和弓腿、松腰协调一致。④“按”时两臂不可伸直，手心要向前，手指高不过头，手腕微塌。按掌要与向前弓腿协调一致。

（6）倒卷肱：身体平衡，不可忽高忽低、左右歪斜。动作要协调，不要手动脚不动或脚快手迟。后手回撤要走弧形，不可直抽，推出之臂不可伸直。转动时以腰为轴，退步要轻灵，脚前掌先着地，然后全脚踏实，重心后移。转身倒卷肱时，要先移重心，再转身提步，下搂手不可走直线，前推手须经耳旁向前推出，不可向下劈盖。前手高不过眉、低不过肩，要沉肩垂肘，身体正直，转动灵活。

（7）云手：无论手心向内或向外，运转都要呈立圆，速度要均匀，动作要连贯。臂不可僵直或屈成三角形，手高不过眉，两掌在云拨中翻转拧裹，肩不可上耸。两掌运转要与转腰松胯、移动重心协调配合，不可只是摆动两臂而无腰的转动，身体也不可忽高忽低、左右歪斜。脚尖应向前或略外展，并步时两脚应距离10~30厘米。

（8）单鞭：无论单推掌或左右推掌，两臂皆不可伸直，手高不可过头，勾手不可僵劲，后臂也不可过横或过张。头要顶，腰要松，肩要沉，胸要含，腕要柔，避免挺胸收腹。

（9）左右穿梭：两手上托和前推要协调一致，两臂成弧形。前推之手高不过眉、低不过腰，旋转不可僵滞，方向要明确。保持沉肩垂肘，松腰敛臀。

（10）金鸡独立：无论挑掌或撑掌，臂都要成弧形；支撑腿稍屈站稳，另一腿大腿提平。

（11）高探马：向前穿推之掌高不过眼，后掌收在小腹前。

（12）双峰贯耳：两拳经两侧向前上方横打，高不过头、低不过口，相距约一头宽，拳眼斜向下，两臂如钳状。两肩要沉，两肘不可扬起。

（13）海底针：两腿虚实要分清，上身前俯不超过45°，臀部不可凸出，臂伸向斜前方，手指指向前下方。

（14）闪通臂：前推和上托时，前后必须协调。两臂皆成弧形，前掌高不过头、低不过口，身体中正不倚，松腰松胯。

（15）搬拦捶：手臂不可伸直，搬（压）拳和拦掌动作要有明显的弧度，不可直来直往。身体转动与两臂动作要配合恰当。

（16）如封似闭：两掌后收时以肘关节牵引，边分边翻转，不可扬卷前臂，按掌要求同前。

（三）步法

（1）上步：后腿前进一步或前脚前移半步。

（2）退步：后脚后退一步。

（3）撤步：前脚或后脚后退半步。

（4）进步：两脚连续向前移动各一步。

（5）跟步：后脚向前跟进半步。

（6）侧行步：两脚平行连续侧向移动。

（7）碾步：脚跟作轴，脚尖外展或内扣；或以脚前掌作轴，脚跟外展。

（四）腿法

（1）分脚：支撑腿微屈站稳：另一条腿屈膝提起，然后小腿上摆，腿伸直，脚面绷平，脚尖向前，高过腰部。

（2）蹬脚：支撑腿微屈站稳：另一条腿屈膝提起，然后脚慢慢蹬出，腿伸直，脚尖上勾，脚高过腰部。

三、剑术类

（一）剑的基本握法和剑指

（1）持剑：手心贴紧护手，食指或食、中二指附于剑柄，拇指为一侧，其余手指为另一侧。直腕扣握护手与剑柄分界处，剑背贴近前臂后侧。

（2）握剑：虎口紧贴剑格，拇指为一侧，其余四指为另一侧。抓握剑柄，剑刃必须与虎口相对。

（3）剑指：中指与食指伸直并拢，其余三指屈于手心，拇指压在无名指第一指节上。

（二）剑法的基本要求

（1）刺剑：立剑或平剑向前直出为刺，力达剑尖，臂与剑成一直线。剑刃朝上为立剑，剑刃朝左右为平剑。平刺剑剑尖高与肩平；下刺剑剑尖高与膝平；低刺剑剑尖贴近地面，不得触地。

（2）劈剑：立剑由上向下为劈，力达剑身，臂与剑成一直线。

（3）挂剑：立剑，剑尖由前向上、向后，或向下、向后为挂，力达剑身前部。

（4）撩剑：立剑，由下向前上方为撩，力达剑身前部。正撩剑前臂外旋，手心朝上，贴身弧形撩出；反撩剑前臂内旋，余同正撩。

（5）点剑：立剑，提腕，使剑尖猛向前下为点，力达剑尖，臂伸直。

（6）截剑：剑身斜向上或斜向下为截，力达剑身前部。上截剑斜向上；下截剑向下。

（7）斩剑：平剑向左（右）横出，高度在头与肩之间为斩，力达剑身，臂伸直。

（8）崩剑：立剑，沉腕使剑尖猛向前上为崩，力达剑尖，臂伸直，剑尖高不过头。

四、刀术类

（一）刀的基本握法

（1）抱刀：手心贴紧护手，食、中指夹握刀柄，拇指在上，其余三指从下扣握护手盘，刀背贴臂，刀刃向前。

（2）握刀：五指握拢刀柄，虎口贴近护手盘，四指中节与刀刃成一直线。

（二）刀法的基本要求

（1）缠头刀：刀尖下垂，刀背沿左肩贴背绕过右肩，头部正直。

（2）裹脑刀：刀尖下垂，刀背沿右肩贴背绕过左肩，头部正直。

（3）劈刀：刀由上向下为劈，力达刀刃，臂与刀成一直线。

（4）砍刀：刀向右下方或左下方斜劈为砍。

（5）截刀：刀刃斜向上或斜向下为截，力达刀刃前部。

（6）撩刀：刀刃由下向前上为撩，力达刀刃前部。

（7）挂刀：刀刃由前向上、向后，或向下、向右为挂，力达刀背前部。

（8）扎刀：刀刃朝下、朝上，或朝左、朝右，刀尖向前直刺为扎，力达刀尖。

（9）扫刀：刀刃朝左，向左横砍为扫，与踝关节同高，力达刀刃。

（10）按刀：左手附于刀背或右腕，刀刃朝下，平向下按。

（11）挑刀：刀背由下向上挑，力达刀背前身，臂与刀成一直线。

（12）带刀：刀尖朝前，刀刃朝左（右），由前向侧后抽回为带刀。

（13）藏刀：刀身平直（刀尖朝前，刀刃朝下）藏于右髋侧。

五、棍术类

（一）棍的基本握法

（1）单手握：单手握住棍的任何一段。

（2）顺把握：虎口顺向握棍。

（3）对把握：虎口相对握棍。

（二）棍法的基本要求

（1）抱棍：两手开握（顺把），将棍抱于体侧。不得摇摆。

（2）劈棍：棍由上向下劈出，迅猛有力，力达棍前端。

（3）拨棍：棍梢斜向前上方左右拨动。用力轻快平稳，幅度不要太大。

（4）戳棍：棍梢或棍把直线向前、向侧或向后戳击，力达棍顶端。

（5）挂棍：用棍梢或棍把由前向侧后上方或侧后下方拨摆。

（6）击棍：棍梢或棍把平向左或右用力横打，力达棍端。

（7）云棍：棍在头前上方或上方向左（右）平圆绕环一周，快速有力，力达棍前端。

（8）扫棍：棍梢在腰部以下平摆，或以棍梢贴地、棍身倾斜抡摆。要求迅猛有力。

（9）立舞花棍：棍要贴近身体，速度要快，动作要连续。

思考、作业题

（1）什么是武术图解？掌握图解知识有什么意义和作用？

（2）武术图解包括哪些结构、内容？

（3）看图练拳时如何理解图解中的运动方向和动作路线？

（4）简述自学武术的方法。

（5）试述识图自学武术应注意的问题。

（6）试述合作自学法的步骤和要求。

（7）解释冲拳、推掌、弓步、马步、弹腿、正踢腿等术语。

（8）解释劈剑、点剑、缠头刀、裹脑刀等术语。

第七章 健身武术功法

【内容提要】 本章对古代常见养生健身功法五禽戏、八段锦、易筋经、六字诀、养生桩的主要练法、技术要求、锻炼价值等基本知识进行了系统介绍和论述。

【学习目标】 通过本章的学习，使学生了解上述项目的运动特点。重点掌握上述项目的主要练法、运动特点、技术要求和锻炼价值。通过正确指导技术练习，为今后健身教学实践奠定基础。

健身武术功法的种类，就外在表现形式可分为静功和动功及动静相兼三大类。静功行功时，基本没有外在的肢体运动，身体处于静坐、静卧或静立等静止状态，且每种静功都有特定的入静姿势、呼吸、意念方法。动功偏重外在肢体运动或自我按摩，但动功同样要求动作与意念、呼吸相配合。

第一节 五禽戏

五禽戏是汉代的著名神医华佗创立，是一种模仿五种动物动作和神态的功法。

模仿动物的功法早在汉代之前就有，如《庄子》中就有“熊经鸟伸，为寿而已矣”的记载。华佗的功绩在于将以前的功法进行了系统的总结，并组合成套路，通过口授身传进行传播，让大家强身健体。五禽戏开始并没有文字流传，到了南北朝时期，陶弘景的《养性延命录》用文字记录了下来。

五禽戏的内容包括虎戏、鹿戏、熊戏、猿戏、鸟戏。

一、虎戏

自然站式，俯身，两手按地，用力使身躯前耸并配合吸气。当前耸至极后稍停，然后身躯后缩并呼气，如此三次。继而两手先左后右向前挪动，同时两脚向后退移，以极力拉伸腰身，接着抬头面朝天，再低头向前平视。最后，如虎行般以四肢前爬七步、后退七步。

二、鹿戏

接上四肢着地势，吸气，头颈向左转、双目向右侧后视，当左转至极限后稍停，呼气、头颈回转，当转至朝地时再吸气，并继续向右转，一如前法。如此左转三次，右转两次，最后回复如起势。然后，抬左腿向后挺伸，稍停后放下左腿，抬右腿挺伸。如此左腿后伸三次，右腿二次。

三、熊戏

仰卧式，两腿屈膝拱起，两脚离床面，两手抱膝下，头颈用力向上，使肩背离开床面，略停，先以左肩侧滚落床面，当左肩一触床面立即复头颈用力向上，肩离床面，略停后再以右肩侧滚落，复起。如此左右交替各七次，然后起身，两脚着床面成蹲式，两手分按同侧脚旁，接着如熊行走般，抬左脚和右手掌离床面。当左脚、右手掌回落后即抬起右脚和左手掌。如此左右交替，身躯亦随之左右摆动，片刻而止。

四、猿戏

择一牢固横竿，略高于自身，站立手指可触及高度，如猿攀物般以双手抓握横竿，使两脚悬空，做引体向上七次。接着，先以左脚背勾住横竿、放下两手，头身随之向下倒悬，略停后换右脚如法勾竿倒悬，如此左右交替各七次。

五、鸟戏

自然站式。吸气时跷起左腿，两臂侧平举，扬起眉毛，鼓足气力，如鸟展翅欲飞状。呼气时，左腿回落地面，两臂回落腿侧。接着跷右腿如法操作。如此左右交替各七次，然后坐下。屈右腿，两手抱膝下，拉腿膝近胸，稍停后两手换抱左膝下如法操作，如此左右交替也是七次，最后，两臂如鸟理翅般伸缩各七次。

五禽戏在练习时不宜太累，以出汗为标准，适可而止。

第二节　八段锦

八段锦是由八节动作组成的一种健身运动方法。全套动作精炼，运动量适度，其每节动作的设计，都针对一定的脏腑或病症的保健与治疗需要，有疏通经络气血、调整脏腑功能的作用。其名最早见于宋代洪迈《夷坚志》中。曾慥的《道枢·众妙篇》曾记述了具体练习方法：“仰掌上举以治三焦者也，左肝右肺如射雕焉；东西独托所以安其脾胃矣；返复而顾，所以理其伤劳矣；大小朝天所以通其五藏矣；咽津补气，左右挑其手，摆鳝之尾，所以祛心之疾矣；左右手以攀其足所以治其腰矣。”《灵剑子引导子午记》也记有："仰托一度理三焦，左肝右肺如射雕，东脾单托西通胃，五劳回顾七伤调，游鱼摆尾通心脏，手攀双足理于腰，次鸣天鼓三十六，两手掩耳后头敲。"八段锦在历代相传中得到不断发展，流派繁多，现代较为流行的练习方法和歌诀见于清代梁世昌《易筋经图说》所附《八段锦》（撰者不详）中。

一、基本内容和练法

1. 两手托天理三焦

直立，两足分开，与肩同宽。两臂自然松垂身侧，然后徐徐自左右侧方上举至头顶，两手手指相叉，翻掌，掌心朝上如托天状，同时顺势踮两脚跟，再将两臂放下复原，同时两脚跟轻轻着地。如此反复多遍。若配合呼吸，则上托时深吸气，复原时深呼气。

2. 左右开弓似射雕

直立，左足跨出一大步，身体下蹲作骑马势。两臂在胸前交叉，右臂在外，左臂在内，眼看左手，然后左手握拳，食指翘起向上，拇指伸直与食指成八字撑开。接着左臂向左推出并伸直，头随而左转，眼看左手食指，同时右手握拳，展臂向右平拉作拉弓状。动作复原后左右互换，反复进行数次。如配合呼吸，则展臂及拉弓时吸气，复原时呼气。

3. 调理脾胃须单举

直立，两足分开，与肩同宽。右手翻掌上举，五指并紧，掌心向上，指尖向右，同时左手下按，掌心向下，指尖向前。动作复原后，两手交替反复进行，反复多遍。如配合呼吸，则上举、下按时吸气，复原时呼气。

4. 五劳七伤向后瞧

直立，两足分开，与肩同宽。两手掌心紧贴腿旁，然后头慢慢左顾右盼向后观望。如配合呼吸，则向后望时吸气，复原时呼气。

5. 摇头摆尾去心火

两足分开，相距约三个足底的长度，屈膝半蹲成骑马势。两手张开，虎口向内，扶住大腿前部。头部及上体前俯，然后做圆环形转摇，转动数圈后再反方向转摇。在转腰的同时，适当摆动臀部。如配合呼吸，则在转腰时吸气，复原时呼气。

6. 两手攀足固肾腰

直立，并足，两膝挺伸、上身前俯，以两手攀握两足趾（如碰不到，不必勉强），头略昂起。然后恢复直立姿势，同时两手握拳，并抵于腰椎两侧，上身缓缓后仰，再恢复直立姿势。反复进行。本式采用自然呼吸。

7. 攒拳怒目增气力

两腿分开屈膝成骑马势，两手握拳放在腰旁，拳心向上。左拳向前方缓缓击出，左臂伸直，拳心向下，两眼睁大，向前虎视。然后收回左拳，如法击出右拳，左右交替进行。如配合呼吸，则击拳时呼气，收拳时吸气。

8. 背后七颠百病消

直立，并足，两掌紧贴腿侧，两膝伸直，足跟并拢提起，离地数寸，同时昂首，作全身提举势。然后足跟轻轻着地复原，反复进行。如配合呼吸，则足跟提起时吸气，足跟着地时呼气。

二、自我保健应用

（1）“两手托天理三焦”法可吐故纳新，调理脏腑功能，消除疲劳，滑利关节（尤其是对上肢和腰背）。

（2）“左右开弓似射雕”法通过扩胸伸臂，可以增强胸肋部和肩臂部肌力，加强呼吸和血液循环，有助于进一步纠正姿势不正确所造成的病态。

（3）“调理脾胃须单举”法有助于防治胃肠病。

（4）“五劳七伤向后瞧”法可消除疲劳，健脑安神，调整脏腑功能，防治颈肩酸痛。

（5）“摇头摆尾去心火”法可刺激大椎穴、命门穴和脊柱，以泻热理气、镇静安神、清泻心火，达到平秘阴阳、调理脏腑的作用。

（6）“两手攀足固肾腰”法可增强腰部及下腹部的力量，但高血压病和动脉硬化患者，头部不宜垂得太低。

（7）“攒拳怒目增气力”法可激发经气，加强血运，增强肌力。

（8）“背后七颠百病消”法可疏通背部经脉，调整脏腑功能。长期坚持练习八段锦可增强体质，防止疾病。

第三节 易筋经

易筋经是一种以强身壮力为主的锻炼方法，“易”有变易的意思，“筋”指筋脉。它的主要特点是动静结合，内静以收心调息，外动以强筋壮骨。

易筋经健身之法，首见于《易筋经》，该书据近人考证为明代天台紫凝道人于天启四年（1624年）撰成。

一、基本内容和练法

易筋经包括内功和外功两种锻练方法，各有12势。易筋经内功采用站式，以一定的姿势，借呼吸诱导，逐步加强筋脉和脏腑的功能。大多数采取静止性用力。呼吸以舒适自然为宜，不可屏气。古代相传的易筋经姿式及锻炼法有12势，即韦驮献杵势（有3势）、摘星换斗势、三盘落地势、出爪亮翅势、倒拽九牛尾势、九鬼拔马刀势、青龙探爪势、卧虎扑食势、打躬势、工尾势等。易筋经外功注重外壮，《易筋经外经图说》指出：“凡行外壮功夫，须于静处，面向东立，静虑凝神，通身不必用力，只须使其气贯两手，若一用力，则不能贯两手矣。每行一式，默数四十九字，接行下式，毋相间断。行第一式，自觉心思法则俱熟，方行第二式。速者半月，迟者一月，各式俱熟，其力自能贯上头顶。此炼力炼气，运行易筋脉之法也。”

（一）易筋经内功

1. 预备姿势

并步，头端平，目向前平视，下颏微向内收；含胸，直腰拔背，蓄腹收臀；松肩，两臂自然下垂于身体两侧，五指并拢微屈，中指贴近裤缝；两腿伸直，两脚相靠，足尖并拢；口微并，舌抵上腭，定心息气，神情安详。

2. 韦驮献杵势（第1～3势）

第1势：“定心息气，身体立定，两手如拱，心存静极”。

“立身期正直，环拱手当胸，气定神皆敛，心澄貌亦恭。”左足向左平跨一步，两足之距约当肩宽，足掌踏实，两膝微松。双手向前徐徐上提，在胸前成抱球势，松肩，略垂肘，两掌心内凹，五指向内微屈，指端相对，相距4～5寸。或取合掌势：松肩，平肘，掌心相合，两手环拱，手指对胸，中指平喉结，要求肩、肘、腕在同一水平面上。

第2势：“足指挂地，两手平开，心平气静，目瞪口呆”。

两足分开，其距约当肩宽，足掌踏实，两膝微松；直腰收臀，含胸蓄腹；上肢一字平开，掌心向地；头如顶物，两目前视。

第3势：“掌托天门目上观，足尖著地立身端，力周胁浑如植，咬紧牙关不放宽，舌可生津将腭抵，鼻能调息觉心安，两拳缓缓收回处，用力还将挟重看。”

两足分开，其距约当肩宽，足尖着地，足跟提起；腿直，蓄腹收臀；两掌上举高过头顶，掌心朝天，四指并拢伸直，拇指与其余四指分开约成直角，两中指之距约为1寸；沉肩，肘微屈；仰头，目观掌背，舌抵上腭，鼻息调匀。收势时，两掌变拳，旋动前臂，使拳背向前，然后上肢用劲，缓缓将两拳自上往下收至腰部，拳心向上；在收拳同时，足跟随势缓缓下落，两拳至腰时，两足跟恰落至地。

3. 摘星换斗势

“单手高举，掌须下复，目注两掌，吸气不呼；鼻息调匀，用力收回，左右同之”；“只手擎天掌覆头，更从掌内注双眸；鼻端吸气频调息，用力收回左右侔。”

（1）右足稍向右前方移步，与左足成斜八字形（右足跟与左足弓相对，相距约一拳），随势身向左微侧。

（2）屈膝，提右足跟，身向下沉成右虚步；两上肢同时动作，左手握空拳置于腰后，右手指掌握如钩状下垂于裆前。

（3）右钩手上提，使肘略高于肩，前臂与上臂近乎直角，钩手置于头之右前方。

（4）松肩，屈腕，肘向胸，钩尖向右；头微偏，目注右掌心，舌抵上腭；含胸拔背，直腰收臀，少腹含蓄，紧吸慢呼，使气下沉；两腿前虚后实，前腿虚中带实，后腿实中求虚。左右两侧交替锻炼，姿势及要求相同。

4. 倒拽九牛尾势

“小腹运气空松，前跪后腿伸直，二目观拳，两膀用力。”“两后伸前屈，小腹运气空松，用力在于两膀，观拳须注双瞳。”

（1）左腿向左平跨一步（其距较两肩为宽），两足尖内扣，屈膝下蹲成马裆势；两手握拳由身后划弧线形向裆前，拳背相对，拳面近地；随势上身略前俯，松肩，直肘；昂头，目前视。

（2）两拳上提至胸前，由拳化掌，成抱球势，随势直腰；肩松肘曲，肘略低于肩；头端平，目前视。

（3）旋动两前臂，使掌心各向左右（四指并拢朝天，拇指外分，成八字掌，掌应挺紧），随势运劲徐徐向左右平（分）推至肘直；松肩，直肘，腕背屈，腕、肘、肩相平。

（4）身体向右转侧，成右弓左箭势（面向左方）。两上肢同时动作，右上肢外旋，屈肘约成半圆状，拳心对面，双目观拳，拳高约与肩平，肘不过膝，膝不过足尖；左上肢内旋向后伸，拳背离臀，肩松，肘微屈，两上肢一前（外旋）一后（内旋）做螺旋劲，上身正直，塌腰收臀，鼻息调匀。左右两侧交替锻炼，姿势相同。

5. 出爪亮翅势

“掌向上分，足趾拄地，两胁用力，并腿立直；鼻息调匀，目观天门，牙咬；舌抵上腭，十指用力，腿直；两拳收回，如挟物然。”“挺身兼怒目，推手向当前，用力收回处，功须七次全。”

（1）两手仰掌沿胸前徐徐上提过顶，旋腕翻掌，掌心朝天，十指用力分开，虎口相对，中、食指（左与右）相接；仰头，目观中指、食指交接之处，随势足跟提起，离地3～4寸，以两足尖支持体重。肘微屈，腰直，膝不得屈。

（2）两掌缓缓分开向左右而下，上肢成一字并举（掌心向下），随势足跟落地；翻掌，使掌心朝天，十指仍用力分开，目向前平视，肩、肘、腕相平，直腰，膝勿屈。

6. 九鬼拔马刀势

“单膀用力，夹抱颈项，自头收回，鼻息调均，两膝立直，左右同之。”“侧首弯肱，抱顶及颈，自头收回，弗嫌力猛，左右相轮，身直气静。”

（1）足尖相衔，足跟分离成八字形，腰实腿坚，膝直足霸。同时两臂向前成叉掌立于胸前。

（2）运动两臂，左臂经上往后，成钩手置于身后（松肩，直肘，钩尖向上）；右臂向上经右往胸前（松肩，肘略屈，掌心向左，微向内凹，虎口朝上），掌根着实，蓄劲于指。

（3）右臂上举过头，由头之右侧屈肘俯掌下覆，使手抱于颈项。左手钩手化掌，使左掌心贴于背，并在许可范围内尽可能上移。

（4）头用力上抬，使头后仰；上肢着力，掌用劲下按，使头前俯，手、项争力。挺胸直腰，腿坚脚实，使劲由上贯下至踵。鼻息均匀，目微左视。

（5）运动两臂，左掌由后经下往前，右上肢向前回环，左右两掌相叉立于胸前。左右交换，要领相同。

7. 三盘落地势

“目注牙呲，舌抵上腭，睛瞪口裂，两腿分跪；两手用力抓地，反掌托起，如托千金，两腿收直。”

“上腭坚撑舌，张眸意注牙，足开蹲似踞，手按猛如，两掌翻齐起，千重有加，瞪睛兼闭口，起立足无斜。”

（1）左腿向左平跨一步，两足之距较肩为宽，足尖内扣，屈膝下蹲成马裆势，两手叉腰，腰直胸挺，后背如弓，头端平，目前视。

（2）两手由后向前抄抱，十指相互交叉而握，掌背向前，虎口朝上，肘微屈曲，肩松；两上肢似一圆盘处于上胸。

（3）由上势，旋腕转掌，两掌心朝前。运动上肢，使两掌向左右（划弧线）而下，由下成仰掌沿腹胸之前徐徐运劲上托，高不过眉，掌距不大于两肩之距。

（4）旋腕翻掌，掌心朝地，两掌（虎口朝内）运劲下按（沿胸腹之前）成虚掌置于膝盖上部。两肩松开，肘微屈曲，两臂略向内旋；前胸微挺，后背如弓，头如顶物，双目前视。

8. 青龙探爪势

“肩背用力，平掌探出，至地围收，两目注平。”“青龙探爪，左从右出，修士效之，掌平气实；力周肩背，围收过膝，两目注平，息调心谧。”

（1）左腿向左平跨一步，两足之距约当肩宽，两手成仰拳护腰势。身立正直，头端平，目前视。

（2）左上肢仰掌向右前上方伸探，掌高过顶，随势身略向右转侧，面向右前方，目视手掌，松肩直肘，腕勿屈曲。右掌仍作仰拳护腰势。两足踏实勿移。

（3）由上势，左手大拇指向掌心屈曲，双目视大拇指。

（4）左臂内旋，掌心向下，俯身探腰，随势推掌至地。膝直，足跟不离地，昂首，目前视。

（5）左掌离地，围左膝上收至腰，成两仰掌护腰势，如本势（1）。左右手交替前探，要领相同。

9. 卧虎扑食势

“膀背十指用力，两足蹲开，前跪后直，十指拄地，腰平头昂，胸向前探，鼻息调匀，左右同之。”

“两足分蹲身似倾，屈伸左右相更；昂头胸作探前势，偃背腰还似砥平；鼻息调元均出入，指尖著地赖支撑；降龙伏虎神仙事，学得真形也卫生。”

（1）右腿向右跨出一大步，屈右膝下蹲，成左仆腿势（左腿伸直，足底不离地，足尖内扣）。两掌相叠，扶于右膝上。直腰挺胸，两目微向左视。

（2）身体向左转侧，右腿挺直，屈左膝，成左弓右箭势，扶于膝上之两掌分向身体两侧，屈肘上举于耳后之两旁，然后运劲使两掌徐徐前推，至肘直。松肩，腕背屈，目注前方。

（3）由上势，俯腰，两掌下按，掌或指着地，按于左足前方之两侧（指端向前，两掌之距约当肩宽），掌实，肘直，两足底勿离地，昂首，目前视。

（4）右足跟提起，足尖着地，同时在前之左腿离地后伸，使左足背放于右足跟上，以两掌及右足尖支撑身体。再屈膝（膝不可接触地面），身体缓缓向后收，重心后移，蓄劲待发。足尖发劲，屈曲之膝缓缓伸直。两掌使劲，使身体徐徐向前，身应尽量前探，重心前移；最后直肘，昂起头胸，两掌撑实。如此三者连贯进行，后收前探，波浪形地往返进行，犹如卧虎扑食。左右交换，要领同左侧。

10. 打躬势

“两肘用力夹抱后脑，头前用力探出；牙咬舌抵上腭，躬身低头至腿；两耳掩紧，鼻息调匀。”“两手齐持脑，垂腰至膝间；头惟探胯下，口更齿牙关；掩耳聪教塞，调元气自闲；舌尖还抵腭，力在肘双弯。”

（1）左腿向左平跨一步，两足之距比肩宽，足尖内扣。两手仰掌徐徐向左右而上，成左右平举势。头如顶物，目向前视，松肩直肘，腕勿屈曲，立身正直，腕、肘、肩相平。

（2）由上势屈肘，十指交叉相握，以掌心抱持后脑。勿挺胸凸臀。

（3）由上势，屈膝下蹲成马裆势。

（4）直膝弯腰前俯，两手用力使头尽向胯下，两膝不得屈曲，足跟勿离地。

11. 工尾势（掉尾势）

“膝直膀伸躬鞠，两手交推至地，头昂目注，鼻息调匀。”“膝直膀伸，推手自地，瞪目昂头，凝神壹志。起而顿足，二十一次，左右伸肱，以七为志。”

（1）两手仰掌由胸前徐徐上举过顶，双目视掌，随掌上举而渐移；身立正直，勿挺胸凸腹。

（2）由上势，十指交叉而握，旋腕反掌上托，掌心朝天，两肘欲直，目向前平视。

（3）由上势，仰身，腰向后弯，上肢随之而往，目上视。

（4）由上势俯身向前，推掌至地。昂首瞪目，膝直，足跟不离地。

（二）易筋经外功

练功时，早晨面向东立，消除杂念，聚精会神，通身不必用力，使“气”贯于两手。边做边默念数字。练熟一式后再做下一式，熟练后连贯练习。各式锻炼方法如下。

第1式：两脚分开，距离同肩宽；两眼向前看，两肘稍屈，掌心向下；每默数一字，手指向上一翘，手掌向下一按；一翘一按为1次，共默数49次。

第2式：两手放在大腿前面，握拳，拇指伸直，两拇指端相对；每默数一字，拇指向上一翘，四指一紧，一翘一紧为1次，共默数49次。

第3式：两手拇指先屈于掌内，然后四指握拳；两臂垂于体侧，拳眼向前；每默数一字，将拳一紧，紧后即松，一紧一松为1次，默数49次。

第4式：两臂从下向前缓缓举起，高与肩平，两肘稍屈，拳心向对（1尺左右）；每默数一字，将拳一紧，紧后即松，一紧一松为1次，默数49次。

第5式：两臂缓缓向上举，拳心推对，两臂稍屈；两臂不可紧靠头部，上举时两脚跟提起；每默数一字，将拳一紧，两脚跟一起一落为1次，默数49次。

第6式：两臂左右平举，屈肘，两拳对两耳（距离1寸），虎口对两肩；每默数一字，将拳一紧，紧后即松，一紧一松为1次，默数49次。

第7式：两臂左右侧平举，高与肩平，虎口向上，两肩略向后仰，胸部略向前，两臂上举同时脚趾离地，脚掌着地；每默数一字，将拳一紧，紧后即松，一紧一松为1次，默数49次。

第8式：两臂向前平举，高与肩平，两肘不屈，两拳距离5～6寸，虎口向上；每默数一字，将拳一紧，紧后即松，一紧一松为1次，默数49次。

第9式：两臂左右分开，屈肘至胸部，然后翻两拳向外至鼻前，两拳距离约2寸，拳心向外；每默数一字，将拳一紧，紧后即松，一紧一松为1次，默数49次。

第10式：两上臂左右平举，两前臂向上直竖，虎口对两耳；每默数一字，将拳一紧，紧后即松，一紧一松为1次，默数49次。

第11式：两臂落下，两掌翻转至脐下两旁，两拇指离脐1～2厘米；每默数一字，将拳一紧，紧后即松，一紧一松为1次，默数49次。

第12式：两手松开，两臂下垂，然后两臂前平举，手心向上，脚跟同时提起，脚跟落下时，两手还原，重复3次。

二、自我保健应用

易筋经内功运动量较大，动作难度也较高，一般全套锻炼只适用于体力较好的青壮年或慢性病患者，可显著地改善体质，祛病强身。易筋经外功因其主要运动指掌及上肢，可普遍地适用于各年龄层的健康人及慢性病患者，通过上肢运动而运气壮力、活血舒筋，影响全身。

三、注意事项

体质虚弱者慎用内功练法，特别是其中的“卧虎扑食势”，运动量及难度都较大，心脏病及哮喘发作期忌用。上述患者采用外功练法时，也宜减少每式操作次数，量力而行，循序渐进。

本法注重动静结合，一方面在练功方式上强调动功与静功的密切结合。另一方面是指在练功时要“动中静”，即保持精神宁静的状态，全神贯注，呼吸自然；练静功时要“静中动”，即在形体外表安静的姿势状态下，保持气息运动的和谐。只有动静结合，意、气、体三者互相配合，才能炼精化气、气生神，内养脏腑气血，外壮筋骨皮肉。易筋经外功采用默念法可促使机体宁静和机能的调整。

易筋经内功是近人据易筋经十二势而改编的，因其有显著的强身壮力之效，故现代普遍采用作为推拿医生的基本功训练方法之一。

第四节　六字诀

六字诀，即六字诀养生法，是我国古代流传下来的一种养生方法，为吐纳法。它的最大特点是：强化人体内部的组织机能，通过呼吸导引，充分诱发和调动脏腑的潜在能力来抵抗疾病的侵袭，防止随着人的年龄的增长而出现的过早衰老。

历代文献对此有不少论述，秦汉的《吕氏春秋》中就有关于用导引呼吸治病的论述。《庄子·刻意》篇中说：“吹呴呼吸，吐故纳新，熊经鸟伸，为寿而已矣。”

一、基本内容和练法

六字诀是一种吐纳法。它是通过嘘、呵、呼、呬、吹、嘻六个字的不同发音口型，唇齿喉舌的用力不同，以牵动不同的脏腑经络气血的运行。

预备式：两足开立，与肩同宽，头正颈直，含胸拔背，松腰松胯，双膝微屈，全身放松，呼吸自然。

呼吸法：顺腹式呼吸，先呼后吸，呼气时读字，同时提肛缩肾，体重移至足跟。

调息：每个字读六遍后，调息一次，以稍事休息，恢复自然。

1. 嘘字功平肝气

嘘，读（xū）。口型为两唇微合，有横绷之力，舌尖向前并向内微缩，上下齿有微缝。

呼气念嘘字，足大趾轻轻点地；两手自小腹前缓缓抬起，手背相对，经胁肋至与肩平，两臂如鸟张翼向上、向左右分开，手心斜向上。两眼反观内照，随呼气之势尽力瞪圆。屈臂两手经面前、胸腹前缓缓下落，垂于体侧。再做第二次吐字。如此动作六次为一遍，做一次调息。

嘘气功可以治目疾、肝肿大、胸胁胀闷、食欲不振、两目干涩、头目眩晕等症。

2. 呵字功补心气

呵，读（hē）。口型为半张，舌顶下齿，舌面下压。

呼气念呵字，足大趾轻轻点地；两手掌心向内由小腹前抬起，经体前至胸部两乳中间位置向外翻掌，上托至眼部。呼气尽吸气时，翻转手心向面，经面前、胸腹缓缓下落，垂于体侧。再做第二次吐字。如此动作六次为一遍，做一次调息。

呵气功治心悸、心绞痛、失眠、健忘、盗汗、口舌糜烂、舌强语言塞等心经疾患。

3. 呼字功培脾气

呼，读（hū）。口型为撮口如管状，舌向上微卷，用力前伸。

呼气念呼字时，足大趾轻轻点地；两手自小腹前抬起，手心朝上，至脐部，左手外旋上托至头顶，同时右手内旋下按至小腹前。呼气尽吸气时，左臂内旋变为掌心向内，从面前下落，同时右臂回旋掌心向内上穿，两手在胸前交叉，左手在外，右手在内，两手内旋下按至腹前，自然垂于体侧。再以同样要领，右手上托，左手下按，做第二次吐字。如此交替共做六次为一遍，做一次调息。

呼字功治腹胀、腹泻、四肢疲乏、食欲不振、肌肉萎缩、皮肤水肿等脾经疾患。

4. 呬字功补肺气

呬，读（sī）。口型为开唇叩齿，舌微顶下齿后。

呼气念呬字，足大趾轻轻点地；两手从小腹前抬起，逐渐转掌心向上，至两乳平，两臂外旋，翻转手心向外成立掌，指尖对喉，然后左右展臂宽胸推掌如鸟张翼。呼气尽，随吸气之势两臂自然下落垂于体侧，重复六次，调息。

呬字功治外感伤风、发热咳嗽、痰涎上涌、背病怕冷、呼吸气短等肺经疾患。

5. 吹字功补肾气

吹，读（chuī）。口型为撮口，唇出音。

呼气读吹字，足五趾抓地，足心空起；两臂自体侧提起，绕长强、肾俞向前划弧并经体前抬至锁骨平，两臂撑圆如抱球，两手指尖相对。身体下蹲，两臂随之下落，呼气尽时两手落于膝盖上部。随吸气之势慢慢站起，两臂自然下落垂于身体两侧。共做六次，调息。

吹字功可治腰膝酸软、盗汗遗精、阳痿、早泄、子宫虚寒等肾经疾患。

6. 嘻字功理三焦

嘻，读（xī）。口型为两唇微启，舌稍后缩，舌尖向下。有喜笑自得之貌，怡然自得之心。

呼气念嘻字，足四、五趾点地；两手自体侧抬起如捧物状，过腹至两乳平，两臂外旋翻转手心向外，并向头部托举，两手心转向上，指尖相对。吸气时五指分开，由头部循身体两侧缓缓落下并以意引气至足四趾端。重复六次，调息。

嘻字功治由三焦不畅而引起的眩晕、耳鸣、喉痛、胸腹胀闷、小便不利等疾患。

二、自我保健应用

六字诀的作用之一就是舒通经络，调整气血，学习者应熟习有关经络。人体的五脏六腑各有自己的经脉，这些经脉在人体上是对称存在的，称之为十二正经。十二经脉中气血运行是循环贯注的，即从手太阴肺经开始，依次传至足厥阴肝经，再传至手太阴肺经，首尾相贯，循环无端。因此，用意念导引气血，使之在经络渠道中畅旺地运行，达到通瘀、导滞、散毒、解结。通过练功，内气充盈，气行则血行，内气能够有力地推动血液在经络中运行，则自然能使经络通畅。六字诀全套练习每个字做六次呼吸，早晚各练三遍，日久必见功效。

三、注意事项

1. 吐故纳新去浊采清，以意领气似有似无

六字诀通过呼吸吐纳，吐出脏腑之浊气，吸入天地之清气，引地阴上升以养血，吸天阳下降以养气，从而使脏腑功能协调一致，人体气血充盈，经络畅通，健康无病。以意领气不可着意过强，要做到似有意又似无意。注意吸气时放松，顺其自然。

2. 气息匀细柔长，动作柔和舒展

六字诀对人体五脏六腑气机的调节，主要是依靠发音时口腔形成不同的口型、状态来作用于脏器的。而呼吸时微微用意不仅可集中习练者的注意力，更主要的是可以强化吐音，强化口型，强化体内气息的调节。六字诀的动作起着导引气血的作用，要柔和、舒展、自然，切忌用力。动作的频率要和自己的呼吸频率相吻合，这样就达到了“气为元帅，手足为兵丁”“气尽式成”的要求。吸气和呼气的气息要求做到“匀、细、柔、长”。

3. 祛邪泻实扶正补气

“吐故纳新”补泻之法：纳，即缓缓地用鼻吸入清新之气，为补；吐，即缓缓地用口呼出病浊之气，同时有针对性地默念六字之一，为泻。祛邪、泻实主要是：吐气发音；动作中或两手外开、外拨导引，或两手沿经络向下导引。扶正、补气主要是：吸气纳新；动作导引或内收、内拢及捧掌内翻，或两手沿经络向上导引。

4.“虚者补其母，实者泻其子”

各脏腑之症有虚实之分，虚宜补，实宜泻，按五行与脏腑的关系可用“虚者补其母，实者泻其子”之法，如心有病，实症宜以其子（脾）泻之，即先练“呼”字，再练“呵”字；虚者补其母（肝）补之，先练“嘘”字，再练“呵”字。另外心属火，肾属水，若心火旺，可先练“吹”字，再练“呵”字，此为，心肾相交，水火即济，余皆类推。一般情况，六个字应连续地练，某个脏腑的疾病突出时，可加强练相应的字。

第五节　健身功法——养生桩

健身养生桩是内在锻炼的一种基本功夫，是一种健身之术，同时因为它的姿势动作都是和人身的生理组织相配合，一方面使高级中枢神经得到充分的休息与调整，另一方面使机体得到适宜的锻炼，兼有防病和治病之效（这是经验已经证实了的）。因而也可说是一种医疗学术，又可说是艺术的锻炼。

一、养生桩的意义和作用

养生桩是一种学术，也是一种医疗体育运动。参加这种运动的人，不限年龄性别，不拘身体强弱，也无任何局限，有病者治病，无病者防病。运动时不尽在姿势方

面着想，也不在式之繁简上注意，更不在姿势的前后次序，主要使大脑得到充分休息，使肢体得到适当锻炼，即静中生动，动中求静。

这种运动能调整神经系统的机能，促进血液循环，且能加强各种系统的新陈代谢作用，因而能调整恢复和加强人体各个器官组织的机能，对保持健康治疗疾病具有显著的特效。这种运动能加强人体的吸收和排泄作用。古人云“提炼精华，洗净糟粕”，其意义就在于此。这是自力更生的运动，就是说，它对于人身及其部分机体具有生生不已的效能，譬如体弱的通过锻炼可使问题消除，恢复健康。健康者更健康，且容易体会到无穷的理趣。

这种运动和一般体育运动不同，它是把锻炼和休息统一起来的一种运动，是在锻炼中休息，又在休息中锻炼的运动方法。因此，它具有调整中枢神经和末梢神经的功能作用，从而使人体各部分在高级中枢神经支配下密切协调。

二、养生桩的基本姿势

养生桩以站式为主，但也有坐式、卧式、半伏式、行走式。其基本原则为：平行站立，内浑厚而外圆合，全身关节都自然有微屈之意，成为钝形三角，两手高不过眉，低不过脐，远不过尺，近不贴身，右手不向身左去，左手不向身右来。在这些原则下，可以变为很多姿势，但练习者不宜求多，求多则功力不深，欲速不达。这里所介绍的只是一些基本姿势，对一般练功者已经足够选择采用。

1. 站式

（1）叉腰式：在开始练功时要平心静气，两脚分开，宽度约与肩齐，两脚足尖行稍向外前方。两目睁开向前平视，半开半闭或闭目均可，但两眼睁开时要神光内敛。不可注意任何目标，须有视而不见之意，谓之神不外驰。足掌和足跟着地，足心向上吸，意如双足吸着地面，自腰以下，意如埋在土里。胯部放松，臀部如坐，脊部挺拔，下颌微收，挺颈，头顶上提，意如有绳系吊在空中。但顶心在意念中似向内收缩，紧背含胸，胸微向内收，小腹松圆。两手放于身体的腰眼部，手心向后。这种姿势既是锻炼又是休息，可作为其他桩的预备式，也可作为练其他桩时中间的休息式。

注：为了便于练功者逐步深造，故对每项姿势的要求提得比较细致，初学者按初步练法中所要求的就已经够了。万不可马上要求各方面都达到标准，总以舒适得力为原则，循序渐进，逐步向细致要求。

（2）提按式：两臂提起，两肘向外撑，两手略低于脐，放在身体左右两侧，但不贴身，指尖向前，掌心向下，五指分开微屈，双手既有向上提又向下按之意，其余要求同叉腰式。

（3）提插式：两肘向上提，向外撑，指尖向下，五指分开自然微屈，意如插在泥中，其余同叉腰式。

（4）托球式：两肘向外撑，两手向前，指尖向内，手心斜向上方，高度略高于脐，两手距离约为两拳，意如两手托一大球，其余要求同叉腰式。

（5）撑抱式：两手前伸成环抱状，指尖相对，掌心向后，手指分开自然微屈，两手距离约七八寸，高度在眉下肩上，意如抱球，但同时又向外撑，其余要求同叉腰式。

（6）拧裹推式：两臂前伸成环抱状，位置高不过眉，掌心向外，指尖斜向内上方，两手食指之力欲搭成十字，两手距离约七八寸，手指分开自然微屈，两腕向外拧向里裹，两肘向外撕，两掌向外推又向上托，其余要求同叉腰式。

（7）撑扶式：两手抬起，掌心向下，指尖向内，手指分开自然微屈，高度约与肩齐，两肘向外撑，两手意如扶在物体之上，其余要求同叉腰式。

（8）按球式：臂向前伸，手指分开自然微屈，指尖向前，手的高度在乳下脐上约与中脘相平，掌心向下，两手如按水中浮球，其余要求同叉腰式。

2. 坐式

坐式虽然姿势繁多，但手部、臂部的姿势和站式的变化相同。下肢的变化可分为三种。

（1）坐于适当高度的椅上或床上，两腿分开比肩略宽，两脚平均着地，此种姿势对脚腿部的要求与站式相同。

（2）两腿分开比肩略宽，脚跟着地，脚尖向上翘起向回勾，脚心向上吸。

（3）两腿悬空，脚尖翘起向回勾，脚心向上吸。

这三种姿势对上半身的要求均与站式相同，两手的姿势可按照站式的姿势加以变化。只是叉腰式应改为双手放在大腿根部，两肘撑开。另外，凡坐式除病情严重不能直坐者外，背后均不可靠在椅背上。

3. 卧式

卧式可分为仰卧和侧卧两种。

（1）仰卧式：仰卧后全身放松，意如在水上仰游。两肘着床两臂抬起成抱球状，两膝弯曲，足跟着床，足尖回勾，足心内吸。

（2）侧卧式：以左半侧着床为例，左手放手枕上，手心扶头，右手放于右腿之上，或用右手轻轻按在床上亦可，使胸部空起。左腿伸出，右腿蜷起放于右腿之上。如向右侧卧可以类推。均意如卧于水中侧游，遍体舒适轻灵。

4. 半伏式

两腿平行或一前一后均可，把重心放在一条腿上，另一条腿放松，用脚尖着地。两腿可交替练习。双手伏在案上，使胸部扩大松开，头略向上扬。有气喘病不能练站式时，练此式最为适宜。

5. 行走式

在行走时平心静气，头部颈部胸腹部的要求均与站式相同，臀部亦应稍向下坐，唯站式要求小腹收圆，行走式则要求小腹长圆。两肘上提手向后勾，如挎篮状，或用提按式亦可。意想小腹催步前行，如在泥水中行走。此功在初练时须缓步前行使意念不断，练习一个阶段后，即可用正常行路速度前行，久久练习能使步履轻捷、疾如奔马。

三、养生桩应注意的问题

养生桩不仅是健身治病的运动，也是一种锻炼意志的功夫，所以学习养生桩的人必须注意这种锻炼。粗暴浮躁、气愤、忧虑、悔惧，得失之念和侥幸思想等，都是缺乏意志和品质的表现，学者切要禁忌。对于治病的人来说，凡是学养生桩治病的大数是久病不愈、药石刀针不易奏效者，但须要气不自馁，应该积极地锻炼、认真地治疗，精神要焕发，蓄有弹力，时时作反复斗争的准备，才能战胜病魔，恢复健康。如果悲观失望，生气着急，毫不振作，一曝十寒，时作时辍，是不起作用的。医生常说病人的心情要愉快。学习养生桩的人，首要心情愉快，虚心体会站桩的意义，耐心地、持久地锻炼，使精神焕发，久而久之，自可功到病除。

练养生桩必须心神安详，摒除杂念，“神不外溢，力不出尖，意不露形，形不破体”。神态要轻松自如，蓄意要深憨雄浑，力量要稳准虚灵。“无动不机，无机不趣，虚灵守默，而应万物”，虽是平易近人的道理，但初学不易理解，主要是以神意为主，不求枝节片爪形式问题。意在整体与内部不要使局部破坏整体的统一，不要使外部动作影响内部失调，要浑身轻松自如，心旷神怡，好像在大自然之内似的。要做到这样，在运动前就必须做到心安神定，摒除杂念。

还要注意四容五要：四容是头直、目正、神庄、声静，五要是恭、慎、意、切、和。对人对事都要恭敬谨慎，意思是要周密切实，无论何时都不说硬话、不做硬事。这是学者内心和外貌应具备的练功条件。从个人意念来说，应具善意，最好是以子女的行为，父母的心肠对人。在练功方面来说大都就是“只要神意足，不求形骸似”，这样才是练功应有的要意。

养生桩是因病设式，因人而异的。病症不同，其有关的神经或肌肉系统自然就不相同，患者的生活条件习惯、性情以及其他各种特点，对于设式也有一定的关系。必须根据这些不同的情况，考虑适当的姿势和运动与休息时间的长短，以及身体负担的轻重等。教者对此自应充分了解情况，做适当的安排；学者应注意掌握、慎重锻炼，不可忽断忽续，任意活动。只有这样才能收效快，并防止在锻炼中发生不正常的现象。有的人初学时多有怀疑、幻想，或任意活动或拘泥执着等现象，须细心体验，待体验充实之后才能解决。主要是：师古不泥古，谨守师法未易有得，不要浮聪明，不要笨用功，精神要愉快，肌肉常劳动，离开己身，无物可求，但执着己身，都是错误，力量在身外去求取，意念在无心中来操持。若本着以上所谈，切实用功，细心体会，自不难得到万变无穷，奇趣横生之。

思考、作业题

（1）古代养生健身功法包括哪些内容？有什么共同特点？

（2）简述五禽戏的技术动作要点。

（3）养生健身功法的锻炼对人体有什么作用？

（4）养生桩功常用的动作方法有哪些？

（5）简述健身武术功法教学的步骤和教学应注意的问题。

第八章　太极拳

【内容提要】本章对常见的太极拳八法五步、24式简化太极拳的主要练法、技术要求、锻炼价值等基本知识进行了系统介绍和论述。

【学习目标】通过本章的学习，使学生了解太极拳项目的运动特点。重点掌握太极拳项目的主要练法、运动特点、技术要求和锻炼价值。通过正确指导技术练习，为今后太极教学和实践奠定基础。

第一节　太极拳八法五步

国家体育总局武术运动管理中心推出的太极拳八法五步，是继简化24式太极拳之后的又一个更加简化的较为理想的太极拳入门套路。太极拳八法是指：掤、捋、挤、按、採、挒、肘、靠八个基本招式；五步是指：进、退、顾、盼、定，即前进、后退、左顾、右盼、中定。太极拳八法五步可分为两个部分：定步动作和动步动作。

一、定步动作

起势：与简化24式太极拳要求相同。

（一）左势

（1）左掤式：由起势，原地身微右转抱球后，左手向前掤出成左掤手。

（2）右捋式：接上式，左掌向前舒指，右掌翻转，左掌心向下，右掌心向上，合劲后捋。

（3）左挤式：接上式，右掌折回，搭左腕合劲前挤，命门后撑。

（4）双按式：右掌从左掌上抹出，双掌心向下，开与肩宽向下画弧回收后画弧按出。

（5）右採式：双掌抓握旋腕画弧向右下採，左拳心向上，右拳心向下。

（6）左挒式：双手旋腕，画弧翻转向左前横挒，右手心向上，左手心向下。

（7）左肘式：左手微向下画弧成拳，右手助力向左前顶肘。

（8）右靠式：接上式，双手画小弧转换，左掌心向下于右肩前，右手拳眼向内合劲右靠。

（二）右式

（1）右掤式：接上式，原地身微左转抱球后，右手向前掤出成右掤手。

（2）左捋式：接上式，右掌向前舒指，左掌翻转，右掌心向下，左掌心向上，合劲后捋。

（3）右挤式：接上式，左掌折回，搭右腕合劲前挤，命门后撑。

（4）双按式：左掌从右掌上抹出，双掌心向下，开与肩宽向下画弧回收后画弧按出。

（5）左採式：双掌抓握旋腕画弧向左下採，右拳心向上，左拳心向下。

（6）右挒式：双手旋腕，画弧翻转向右前横挒，左手心向上，右手心向下。

（7）右肘式：右手微向下画弧成拳，左手助力向右前顶肘。

（8）左靠式：接上式，双手画小弧转换，右掌心向下于左肩前，左手拳眼向内合劲左靠。

二、动步动作

（1）进步左右掤式：①左掤手。（向前进步）右手转手心向上后摆，再转手心向下；左手心向下，向前摆动，身微右转约45°。双手打开手心均向下，重心在右腿，上左步左掤手；左转抱球，上右步右掤手（采用24式野马分鬃的上步步法，手型是掤手）。②右掤手。上右步成弓步，整体动作同左掤手，唯方向不同。

（2）退步左右捋式：（向后退步）由原右弓步后坐左捋，双手翻转，退右步右捋，重心在右腿。

（3）左移步左挤式：（横移步）双掌翻转收左步，左转身，左掌横掌心向内，右掌心向外接近左腕部，上左步，跟右步，左打挤发力，略低于肩。

（4）左跟步双按式：（跟步双按掌）双掌转手心向上，右掌向后平画弧折叠，上左步，跟右步双按掌（与42式双按掌相似），右脚跟抬起。

（5）右移步右挤式：双掌向前舒松，撤右步，右掌心向上，左掌心斜向下，相对右腕，右转身跟左步发力挤。

（6）右移步双按式：双手掌心向上，左掌向后平画弧打开后折叠，上右步，跟左步，双按掌。两掌心向外，左脚跟抬起。

（7）退步左右採式：（倒卷肱步法）左转身，左脚跟向内碾转落下，右脚尖内扣，身转正方向；撤左步，由上向左斜下双手採。右手心向上，左手心向下。撤右步，双手右採，左手心向上，右手心向下。

（8）进步左右挒式：（外撇脚摆步）左脚活步向前，外撇脚上步左挒，左手心向下，右手心向上。再外撇脚上右步，右挒右手心向下，略低于肩高，左手心向上，同肩高。

（9）右移步右肘式：（横上右步，跟步肘击）左脚略向前活步成开步，左手向右摆平，手心向上；右手回收变拳心向上，上右步，跟左步，打右肘（拳心向下），平肩高，左掌护右肘。

（10）右移步右靠式：横上右步身下沉，转成马步靠。右拳心斜向下，左掌在右肘部助力。

（11）左移步左肘式：（原式左转身跟步打肘，先拦右掌，再跟步打左肘）原步形左转身，微左挒一下，重心坐于右腿，翘左脚尖，右脚踏实重心右移跟步打左肘，右手心向上。

（12）左移步左靠式：（向左横上左步，由弓步转成大马步靠）同右式。

（13）中定左右独立式：（右脚收到左脚旁成小开步，先抬左腿）收右脚后屈膝，双掌在胯旁下按，提膝独立挑掌转掌心向前按，不高于眼。

（14）十字手：（右脚向右落成开步）两手向上画弧成十字手。

（15）收势：双手翻转下画弧按下，与传统杨式太极拳收势相似。

第二节　24式简化太极拳

太极拳是中华民族传统的体育项目之一，是我国劳动人民智慧的结晶。不仅在国内日益得到普及而且倍受世界各国人民的喜爱，被西方冠以“东方文化的象征”及“东方艺术芭蕾”之美誉，是世界公认理想的健身、养身的运动项目。

“简化太极拳”于1955年创编，整套动作结构来看，符合由简到繁、先易后难的原则，是一种以柔和、稳静、轻灵为主的拳术。在练习太极拳时，除了要有正确的姿势外，还要注意运动方法，尤其对于运动中的精神、心理方面的训练是极为重要的。只有做到“心静体松”“以意导体”，排除一切杂念，专心练拳，始终保持心情舒畅和从容不迫的状态，才能达到“身心并练”，体现出太极拳独特的风格。练习太极拳除了能强身健体，还有较大的医疗保健价值。实践证明，练习太极拳对于各种慢性疾病如高血压、神经衰弱、肺结核、心脏病、胃溃疡、关节炎等均有一定的医疗效果。太极拳强身、健身、修身的功能，以及不受年龄限制的灵活性，深受广大人民群众和世界各国人民的喜爱。

一、起势

1. 动作说明

身体自然直立，两脚开立，与肩同宽，脚尖向前，两臂自然下垂放在大腿外侧；眼向前看。两臂前平举，与肩同宽，手高与肩平，手心向下。两腿屈膝下蹲，同时轻轻下按两掌；眼平看前方（图1～图3）。

图1

图2

图3

2. 要点

头颈正直，下颌微向后收，身体自然放松，精神集中，两臂下沉，肘松垂，手指自然微屈，屈膝松腰，身体重心落在两腿中间。按掌和下蹲动作要协调一致。

二、左右野马分鬃

1. 动作说明

（1）左野马分鬃：上体微向右转，身体重心移到右腿上，同时右臂收到胸前平屈，手心向下，左手经体前向右下画弧放在右手下，手心向上，两手心相对成抱球状，左脚随即收到右脚内侧，脚尖点地；眼看右手（图4）。身体微向左转，左脚向左前方迈出，脚跟先落地，右脚跟后蹬自然伸直，成左弓步；同时，左右手随转体慢慢分别向左上右下分开，左手心斜向上高于眼平，右手落在右胯旁，肘微屈，手心向下，指尖向前；眼看左手（图5）。

（2）右野马分鬃：身体向后移重心，同时左脚尖向外摆，身体重心慢慢前移，同时上体左转左手翻转向下，收到胸前平屈，右手向左上画弧放到左手下，两手心相对成抱球状，右脚随即放到左脚内侧，脚尖点地；眼看左手（图6）。右弓步分掌，右腿向右前方迈出，左腿自然伸直成右弓步，同时上体右转，左右手随转体分别向左下右上慢慢分开，右手心斜向上，高与眼平，左手落在左胯旁，肘微屈，手心向下，指尖向前；眼看右手（图7）。左野马分鬃与右野马分鬃，唯左右动作方向相反（图8、图9）。

图4

图5

图6

图7

图8

图9

2. 要点

上体不可前俯后仰，两臂分开时要保持弧形。身体转动要以腰为轴。做弓步时，迈出脚先是后跟着地，然后慢慢落到前脚掌。脚尖向前，膝盖不超过脚尖，后腿自然伸直。野马分鬃式的弓步，前后脚的脚跟要分在中轴线两侧，它们之间的横向距离应保持在10～30厘米。

三、白鹤亮翅

1. 动作说明

上体微向左转，左手翻掌心向下，左臂平屈胸前，右手向左上画弧，掌心转向上，与左手成抱球状；眼看左手。右脚跟进半步，上体后移重心落在右腿上，左脚稍向前移，脚尖点地成左虚步，同时上体微向左转，面向前方，两手随转体慢慢向右上左下分开，右手上提，停于右额前，手心向左后方。左手落于左胯前，手心向下，指尖向前；眼平视前方（图10）。

图10

2. 要点

完成姿势身体自然，不要挺胸，两臂上下分开要保持半圆形，上步、移重心、分手、上下肢要协调一致。

四、左右搂膝拗步

1. 动作说明

（1）左搂膝拗步：右手从体前下落，由下向后上方画弧至右肩外侧，肘微屈，手与耳同高，掌心斜向上，左手从左下向上，向右下方画弧落至右胸前，掌心斜向下，同时上体先向左再向右微转身，左脚收至右脚内侧，脚尖点地；眼看右手（图11）。接着上体左转，左脚向前（偏左）成左弓步，同时右手由耳侧向前推出，高与鼻尖平，左手由左膝前搂过，落于左胯旁，指尖向前；眼看右手手指（图12）。

（2）右搂膝拗步：身体向后，移重心落至右腿，左脚尖翅起，微向外摆，随后重心前移，身体左转，重心移到左腿，右脚收到左脚内侧，脚尖点地，同时左手向外翻掌由左后向上画弧至左肩外侧，肘微屈，手与耳同高，手心斜向上，右手随转体向上，向左下画弧落于左胸前，手心斜向下；眼看左手（图13、图14）。

（3）左搂膝拗步同右搂膝拗步，唯左右动作方向相反（图15、图16）。

图11

图12

图13

图14

图15

图16

2. 要求

后移重心和前推手，身体不可前俯后仰，要松腰松胯。推掌时要沉肩垂肘。推掌、搂膝、变弓步上下要协调一致。

五、手挥琵琶

1. 动作说明

右脚跟进半步，上体后移，重心落在右腿上，上体稍向右转，左脚提起稍向前移成左虚步，接着脚跟着地，脚尖翘起，膝关节微屈，同时左手从左下向上挑掌，掌心向右，高与鼻尖平，臂微屈，右手收至左臂肘关节内侧，掌心向左；眼看左手食指（图17）。

图17

2. 要点

身体自然放松，左手上挑时要微带弧形，右脚上步要前脚掌先落地，再全脚踏实。身体重心后移和左手上挑、右手回收要协调一致。

六、左右倒卷肱

1. 动作说明

（1）左倒卷肱：上体右转，两手同时翻掌心向上，同时经腹前由下向后方画弧平举，臂微屈；眼随右转体先向右看，再转向前方看左手。接着退步推掌，右手由耳侧向前推，掌心向前，左臂由下向后分开，至左肋外侧，掌心向上，同时退左腿，脚尖先落地，慢慢踏实。身体重心移到左腿上，成右虚步；眼看右手（图18、图19）。

（2）右倒卷肱：上体微向左转，同时左手随转体向后上方画弧平举，掌心向上，右手翻掌心向上；眼随转体先向左看，再转向前方看右手。接着退步推掌，同左倒卷肱退步推掌，唯左右方向相反（图20、图21）。

左倒卷肱：同右倒卷肱，唯左右方向相反。

右倒卷肱：同左倒卷肱，唯左右方向相反。

图18

图19

图20

图21

2. 要点

推手时，要转腰松胯，两手的速度要均匀。前推手臂不可伸直，后撤手不可直向回抽，随转体走弧线。退腿应退在直线两边，最后退右脚时，脚尖外撇角度略大些，便于接做“左揽雀尾”动作。

七、左揽雀尾

1. 动作说明

（1）上体微向右转，同时右手随转体向后上方画弧平举，掌心向上，右臂不停接做屈肘，掌心转向下，收至右胸前，左手放松，掌心向下，随转体左手自然下落，慢慢翻掌心向上，经腹前画弧至右肋前，掌心向上，同右掌心相对成抱球状，同时身体重心落在右腿上，左脚收到右脚内侧，脚尖点地；眼看右手（图22）。

图22

（2）上体微向左转，左脚向左前方迈步，成左弓步，同时左臂向左前方掤出，高与肩平，掌心向后，右手向右下落放于右胯旁，掌心向下，指尖向前；眼看左前臂（图23）。

（3）身体微向左转，左手随之前伸翻掌心向下，右手翻掌心向上，经腹前向上向前挥动伸至左肘内侧；眼看左手。接着，上体右转，两手向下经腹前向右后上方画弧后捋，高与肩平，身体重心落在右腿上；眼看左手（图24）。

（4）上体微向左转，右臂屈肘于左手腕内侧，上体继续左转，双手同时向前慢慢挤出，左手掌心向后，右手掌心向前，左臂保持半圆形，同时重心前移成左弓步；眼看左手腕部（图25）。

（5）后坐收掌，左手翻掌心向下，右手经左腕上方向前，右掌心向下，两手左右分开与肩同宽，上体慢慢后移到右腿上，左脚尖翘起，同时两手屈肘收至腹前，掌心向前下方；眼平看前方（图26）。

（6）上式不停，身体重心慢慢前移，同时两手向前、向上按出，掌心向前，成左弓步；眼平视前方（图27）。

图23

图24

图25

图26

图27

2. 要点

掤出时，两臂前后均保持弧形。下捋时，上体不可前倾和后倾，必须随腰转，走弧线，左脚全掌着地。向前挤时，动作要与松腰、弓腿一致。向前按时，两手须走曲线，手腕高于肩平，肘微屈。

八、右揽雀尾

动作及要点：同左揽雀尾，唯左右方向相反（图28 ~ 图33）。

图28

图29

图30

图31

图32

图33

九、单鞭

1. 动作说明

（1）重心后移至左腿上，右脚尖内扣，同时上体左转。两手左高右低向左弧形运转，直至左臂平举于身体左侧，掌心向左，右手经腹前运至左肋前，掌心向后上方；眼看左手（图34）。

（2）接转体丁步勾手，身体重心移到右腿上，左脚尖点地向右脚靠拢，同时右手向右上方画弧至右侧方时变钩手，臂与肩平，左手向下经腹前向右上画弧停于右肩前，掌心向里；眼看左手。接转身弓步推掌，左脚向左前侧方迈出成左弓步，身体重心前移的同时，左掌随转体慢慢向前推掌，掌心向前，手指与眼平；眼看左手（图35）。

图34

图35

2. 要点

上体保持正直，松腰，完成式时，两肩下沉。上步推掌随转体边翻边推，上下肢动作要协调一致。

十、云手

1. 动作说明

（1）身体重心移至右腿上，左脚尖内扣，左手经腹前向右上画弧至右肩前，掌心斜向后，同时右手变掌，掌心向右前；眼看左手（图36）。

（2）接做小开立步，云左手。身体重心左移，同时左手由眼前向左侧运转；掌心慢慢转向左方，右手由右下经腹前向左上画弧至左肩前，掌心斜向后。同时右脚向前靠近左腿，成小开立步（两脚距离10～20厘米）；眼看右手（图37）。

（3）接做横跨步云手，上体向右转，同时，右手向右侧运转，掌心翻转向右，左手经腹前向右上画弧至右肩前，掌心斜向后，随之左腿向左横跨一步；眼看左手。接做小开立步云手、横跨步云手，同前面动作一样。

图36

图37

2. 要点

身体转动要以腰为轴，松腰松胯，两臂运转要自然圆活，速度要均匀，下肢移动时重心要稳，不能忽高忽低。分腿收腿脚掌先着地再踏实，眼随手走。

十一、单鞭

1. 动作说明

（1）上体右转，右臂运至侧方时变钩手，左手经腹前向右上画弧至右肩前，掌心向外。身体重心落在右腿上，左脚尖点地；眼看左手（图38）。

（2）接做转身左弓步推掌，动作同前。

图38

2. 要点

同前述单鞭。

十二、高探马

1. 动作说明

右脚跟进半步，身体重心后移至右腿，右钩手变成掌，两掌心翻转向上，同时身体微向右转，左脚跟慢慢离地；眼看左前方。接做虚步推掌，上体微向左转，右掌经右耳旁向前推出，掌心向前，手指与眼同高，左手收至左侧腰前，掌心向上，同时左脚微向前移，脚尖点地，成左虚步；眼看右手（图39）。

图39

2. 要点

身体自然，两肩下沉，跟步移重心时身体不要有起伏。

十三、右蹬脚

1. 动作说明

（1）上体微右转，左手手心向上，从右腕背面穿出，双手交叉；眼看两手中间。接做弓步分手，上体微向左转，左脚向左前方迈出，成左弓步，两手与迈步同时向两侧分开，掌心斜向下；眼看右前方。接做丁步合抱，两手由外圈向里画弧交叉合抱于胸前，右手在外，掌心均向后，同时右脚向左脚靠拢，脚尖点地；眼平看右前方（图40）。

（2）接做提膝独立，右腿提膝，脚尖自然下垂，同时两手由胸前继续上抬。接做蹬腿分掌，两臂左右画弧分开平举，掌心均向外，同时右脚向右前方慢慢蹬出；眼看右手（图41）。

图40

图41

2. 要点

身体要稳，不可前俯后仰。蹬脚时，右脚尖回钩，劲使在脚跟。分手和蹬脚要协调一致。右臂和右腿上下相对。

十四、双峰贯耳

1. 动作说明

右腿收回，屈膝平举，两手翻掌心向上落至体前。接做两手同时向下画弧分落于右膝两侧；眼看前方。接做弓步贯耳，右脚向右前方落下，身体重心慢慢前移成右弓步，同时两手下落，慢慢变拳，分别从两侧向上、向前画弧至面部前方，两拳相对，高于耳齐，拳眼斜向内下（两拳中间距离10～20厘米）；眼看两拳（图42）。

图42

2. 要点

完成式时，头颈正直，松腰松胯，两拳松握，沉肩垂肘，两臂保持弧形。

十五、转身左蹬脚

1. 动作说明

（1）身体左转，重心移至左腿，右脚尖内扣，同时两拳变掌，由上向左右画弧，分开平举，手心向前；眼看左手。接做丁步合抱，身体重心移到右腿，左脚收到右脚内侧，脚尖点地；同时两手由外向里画弧合抱于胸前，左手在外，掌心均向后；眼平看左方（图43）。

（2）接做提膝独立，左腿提膝，脚尖自然下垂；同时，两手由胸前继续上抬。接做蹬脚分掌，同蹬右腿，唯左右方向相反；眼看左手（图44）。

图43

图44

2. 要点

与右蹬腿相同，唯左右方向相反，左蹬脚方向与右蹬脚成180°。

十六、左下势独立

1. 动作说明

（1）左腿收回平屈，上体右转。右掌变钩手，左掌向上，向右画弧下落于右肩前，掌心斜向后；眼看右手。接做仆步穿掌，右腿屈膝下蹬，左腿由内向左侧伸出成左仆步，左手下落（掌心向外），向左下顺左腿内侧向前穿出；眼看左手（图45）。

（2）接做弓步挑掌，身体重心前移，成左腿前弓，右腿后蹬，右脚尖内扣，上体微向左转并向前起身，同时左臂继续向前伸出（立掌），掌心向右，右钩手下落，钩尖向后；眼看左手。接做提膝挑掌，右腿慢慢提起平屈，成左独立式，同时钩手变掌，由下方顺右腿外侧向前弧形摆出，屈臂立于右腿上方，肘与膝相对，掌心向左，左手落于左胯旁，掌心向下，指尖向前；眼看右手（图46）。

图45

图46

2. 要点

右腿全蹲时，上体不可过于前倾，左腿伸直，脚尖内扣，全脚掌落地。独立时腿微屈，右腿提起时脚尖自然下垂。

十七、右下势独立

动作同“左下势独立”，唯左右动作方向相反（图47、图48）。

要点：右脚尖触地后必须稍微提起，然后再向下做仆腿。其他同“左下势独立”。

图47

图48

十八　左右穿梭

1. 动作说明

（1）左穿梭：身体微向左转，左脚向前落地，右脚跟离地，同时两手在左胸前成抱球状（左上右下），然后右脚收到左脚内侧，脚尖点地；眼看左前臂（图49）。

接做弓步架推，身体右转，右脚向右前方迈出，成右弓步；同时右手由脸前向上举并翻掌停在右额前，掌心斜向上，左手先向左下再经体前向前推出，高与鼻尖平，掌心向前；眼看左手（图50）。

（2）右穿梭：动作同左穿梭，唯左右方向相反（图51、图52）。

图49

图50

图51

图52

2. 要点

完成姿势时，面向斜前方，推手时上体不可前俯。一手上举，另一手前推，要与弓腿松腰上下协调一致。

十九、海底针

1. 动作说明

右腿跟半步，重心移到右腿上，同时上体微向右转，右手向上提至耳侧，掌心向左，指尖斜向下，左手经体前下落，掌心向下，指尖斜向前；眼看前下方。接做虚步插掌，上体微向左转至面向前方；右手从耳侧向斜前下方插下，指尖向前下，掌心向左，左手向左画弧按在左胯旁，掌心向下，左脚稍前移，膝微屈，脚尖点地成左虚步；眼看前下方（图53）。

图53

2. 要点

身体要先右转再左转身，完成姿势时避免低头和凸臀。

二十、闪通臂

1. 动作说明

上体微向右转，左脚向前迈出一步成左弓步；右手由体前上提，停于右额前上方，掌心翻转斜向上，拇指向下，左手上起经胸前向前推出，高于鼻尖平，掌心向前；眼看左手（图54）。

图54

2. 要点

完成姿势时，上体自然正直，松腰松胯，推掌、举掌和弓腿动作要协调一致。

二十一、转身搬拦捶

1. 动作说明

（1）身体重心移到右腿上，左脚尖内扣，身体向右转，然后重心移到左腿上；

同时，右手随转体向右、向下（变拳）经腹前画弧至左肋旁，掌心向下，左掌上举于头前，掌心斜向上；眼看前方（图55）。

（2）接做转身撇脚翻拳，继续向右转身，右脚收回不点地向前迈出一步，脚尖外撇，右拳经胸前翻转，拳心向上，左手下落按在左胯旁；眼看右手（图56）。

（3）接做转体进步搬拦冲拳，身体重心移到右腿上，左脚向前迈一步，同时，右拳向右画弧收至右腰旁，拳心向上，左手随同左脚前迈经左侧向前上画弧拦出，掌心向前下方（图57）。

（4）左腿成弓步，同时冲右拳，拳眼向上，高与肩平，左手附于右前臂内侧；眼看右拳（图58）。

图55

图56

图57

图58

2. 要点

转身，移重心，扣左脚尖，上下肢动作要协调一致。冲拳、上左脚，脚跟先落地，再落到全脚掌。

二十二、如封似闭

1. 动作说明

左手由右腕下向前伸出，右拳变掌，两掌心向上；眼看前方。接做后坐收掌，身体重心后移至右腿上，左脚尖翘起，同时两臂慢慢分开，回收至胸前翻掌心向下，落于胸前；眼看前方。接做弓步推掌，两手向下经腹前再向上、向前推出，腕部与肩平，掌心向前，同时左腿前弓成左弓步；眼看前方（图59、图60）。

图59

图60

2. 要点

身体后移时，不可后仰。两臂随身体回收时，肩、肘部略向外松开，向前推手宽度不要超过肩。

二十三、十字手

1. 动作说明

向右转身，重心移到右腿，左脚尖内扣，右手随转体向右画弧平举，右脚脚尖外撇；右腿屈膝成侧弓步，右臂与左臂成平举，两掌心向前；眼看右手。接做收脚合抱，重心慢慢移到左腿，右脚尖内扣，随即向左收回半步，两脚距离同肩宽，两腿慢慢蹬直，成开立步，同时两手向下经腹前向上画弧交叉合抱于胸前，腕高与肩平，右手在外，成十字手，掌心向后；眼看前方（图61）。

图61

2. 要点

两手分开与合抱时，上体不要前俯，站起后身体自然正直，两臂环抱时须沉肩垂肘。

二十四、收势

1. 动作说明

两手向外翻掌，掌心向下，两臂慢慢下落，停于身体两侧；眼看前方（图62、图63）。

图62

图63

2. 要点

两手分开下落时，注意全身放松。呼吸平稳后，把左脚收到右脚旁，再走动休息。

思考、作业题

（1）简述太极拳习练的动作要领及特点。
（2）太极拳对人体的锻炼有什么影响？
（3）简述太极拳教学的步骤和教学应注意的问题。

第九章　形意拳

【内容提要】形意拳被称为内家拳的必胜之拳，也称为五行拳。其拳法集合了五行十二形的大成，内蕴无穷威力。本章主要介绍五行拳的基本动作，即劈、崩、钻、炮、横五拳，使学生了解形意拳的基本特点。长期坚持练习，可以促进学生身体各系统机能的发展。

【学习目标】通过本章的学习，使学生正确掌握形意拳的基本功和基本动作的练习方法并发展武术专项素质，为学生从事传统武术教学奠定良好的基础。

第一节　形意拳概述

形意拳，又称行意拳，中国传统拳术之一。形意拳的基本拳法都以三体式、五行拳（劈、崩、钻、炮、横）、十二形（龙、虎、猴、马、鼍、鸡、鹞、燕、蛇、骀、鹰、熊）为主。其练习要领：一要塌腰，二要缩肩，三要扣胸，四要顶，五要提，六要横顺，七要钻落翻分明。塌腰，即尾闾上提；缩肩，即两肩向回抽劲；扣胸，即开胸顺气；顶，即头顶、舌顶、手顶；提，即颈道内提；横，即起也；顺，即落；起，即钻；落者，即翻。起亦为横，落亦为顺。

形意拳桩功，练习形意拳均以三体式（势）为重要的基本功之一来站桩，这是求得六合浑圆整劲的最基本功法。它按照形意拳学的理论要求与要领，将人体安排成为一个完整的基本姿势，在形意拳的动作中，均按此基本姿势与要领来要求，从外形上讲求手与足合、肘与膝合、肩与胯合的外三合，在体内则讲求心与意合、意与气合、气与力合的内三合，内外合一称为六合式。另外，按人体部位分为头、手、足三体，以及按三体又分为三节等，故形意拳有“万法出于三体式”之说。

三体式（起势）

（1）身体直立，两臂自然下垂，头要端正；两脚脚尖外展，脚跟靠拢成立正姿势，眼平视前方（图1）。

要点：精神要集中，头颈要自然竖直，面部要自然，口要合闭，舌尖抵住上腭；不要挺胸或拱背，全身放松。

图1

（2）以右脚脚跟为轴，身体向右扭转45°。

要点：脚的转动要和身体的转动一致，避免身体左右摇摆或肩部歪斜，精神要集中。

（3）两腿慢慢向下弯屈，身体成半蹲姿势（体重偏于右腿），随即左前臂经体前向上提起，左手停于胸前（偏式），手心向下，手指向前；同时右前臂也向上提起，右手盖在左手背上（右手食指在左手中指上），两肘微屈；眼仍平看前方（图2）。

图2

要点：身体不可俯仰，两肩向下松垂，两肘紧靠在两肋外侧，头要向上顶劲，胯部在缩，膝部要屈，腰部要踏，身体要稳定。

（4）身体方向不变，左脚前进一步，左腿膝部微屈，重心偏于右腿；同时左手前伸，肘部微屈，掌心向前下方，五指分开，掌心内含，高与胸齐；右手后撤落于腹前，拇指根节紧靠肚脐，手腕向下塌；眼看左手食指（图3）。

图3

要点：①上体要正直，不俯不仰，面部要自然，扣齿，下颏微内收。②两肩向下松垂，肩窝处略向后缩，左臂（前手）肘部下垂，不可伸直，左手食指要向上挑动，拇指尽力向外撑开，虎口成半圆形，手心向内扣；右前臂靠在腹部右侧，右手五指撑开，腕部要塌住。③胸部略内含，不要紧张用力；两肋肌肉向下舒展；腹部要自然充实，但不要故意鼓腹；背部肌肉要尽力向两侧伸展；腰要塌住；臀部不可向外凸出。④两胯略向后收缩，两膝微向内扣，前膝不要超过踝关节；臀部与后脚根上下相对，不可超过两脚；脚趾扣地；重心偏重右腿，左腿承担少部分体重；呼吸要自然，身体力求稳固。

以上各部的要点，练习时务要处处安排好，不可忽略某一部分。所谓“万法出于三体式”之说，主要是指这种站桩的法则十分重要。这个姿势对培养练习者的内在力量，调节呼吸很有帮助，同时也给其他动作打下了基础。更重要的是，它的上中下部集中地体现了形意拳的要求和特点，初学者可以从这里体会到锻炼的要点，并给以后的练习铺平道路。就是有一定基础的人，也要经常做这种“桩步”的练习，以便进一步掌握形意拳的要领。

三体式把人体上中下各部安排得既没有一点松懈的地方，又不死板硬直；通过全身各个肌肉群的相互矛盾、相互制约，把全身铸成一个圆满而完整的姿势。但这不是勉强的而是按照规矩自然完成的。以后所有形意拳的动作都离不开这个三体式的基本法则；拳路的形式尽管变化万端，但追其原理和要领是一致的。

第二节　五行拳动作详解

形意拳的五行拳包括劈拳、崩拳、钻拳、炮拳、横拳五个部分，下面详细解析其动作与要点。

一、劈拳

1. 预备式

左三体式。

2. 劈拳左起式

（1）由三体式开始，左手（即前手）下落变拳（随落随握拳），右手也同时握拳，两手拳心翻转向上，靠在肚脐两旁，两前臂紧抱腹部的两侧；眼看前方（图1）。

图1

要点：身体方向不变，握拳时要卷紧，但胸腔不可紧张，要自然，不可憋气；左手下落时要走圆弧路线，由落而收，不是直线抽回；两肩仍下垂，两臂紧靠两肋，两手变拳后要同时在腹前翻转，不可有先后。

（2）左脚向前垫步（长约一脚左右），脚尖外撇约45°，膝部微屈，重心移于左腿，右脚不动，右腿前蹬，成似直非直状；同时左拳经胸前由下颏处向前上方钻出，路线呈弧形，拳心斜向上并微向外倾斜，小指向上翻转，肘尖下垂；这时整个伸出的左臂要弯屈适度呈弧形，不能挺直，左拳高与鼻尖齐平；右拳不动；眼看左拳（图2）。

图2

要点：左拳前伸必须与垫步动作一致；在钻拳的垫步时，身体方向不变；注意后肩不可向前扣，使两肩平行；左拳要贴胸上提，到口边处再用力向前伸出；同时，腰要塌，头要顶。

3. 劈拳左落式

左脚尽力向前迈一步（抬脚不要过高），膝部微屈，左脚随之跟进半步，重心仍坐于左腿；同时右拳经胸前由口的前方钻出，随即翻转变掌向前劈下，掌心向前下方，肘部微屈，左拳随之向内翻转变掌下落于腹前，拇指紧靠肚脐部位；眼看右手食指（图3）。

图3

要点： 右手向下劈肘，要与右脚落地协调一致；迈步时身体不可上窜，应保持平稳；身体及上下肢动作要点与前三体式相同，唯步子略小一些。

4. 劈拳右起式

（1）右手下落变拳（随落随握拳），左手也同时握拳，两手拳心翻转向上，靠在肚脐两旁，两前臂紧抱于腹部两侧；眼看前方。

要点： 与前劈拳左起式完全相同，唯左右相反。

（2）右脚向前垫步，脚尖稍外撇，膝部微屈，左脚不动，左腿后蹬，重心随即移于右腿；同时右拳经胸前由下颏处向前上方钻出，拳心斜向上方，并略向外倾，小指侧向上翻转，肘尖下垂，右臂不要伸直，右拳高与鼻尖平，左拳不动；眼看右拳（图4）。

图4

要点： 与前劈拳左起式完全相同，唯左右相反。

5. 劈拳左落式

动作及要点均与动作3说明相同，唯左右相反。如继续前进练习，则仍垫左脚，进右步，劈右拳，成劈拳右落势；如此可以左右式反复交替进行练习（图5）。

图5

6. 劈拳回身

转身时须劈出左掌，之后，左掌下落变拳，右掌也随之变拳，两拳心翻转向上，靠在腹部两旁，左脚随即以脚跟为轴内扣，身体也向右后转约180°，右脚脚尖为轴扭直，脚跟略提起成右虚步式；眼看前方（图6）。

要点：转身时，身体不可忽高忽低或左右摇摆；扣左脚、落左手与转体动作要完整一致；眼神要随着转体的方向转视前方，不可低头弯腰，腰要塌，头要向上顶。

图6

7. 劈拳右起式

右脚向前垫步，脚尖外撇（约45°），膝部微屈，左脚不动，左腿向后蹬，重心移于右腿；同时右拳经胸前由下颏处向前上方钻出，拳心斜向上方，小指向上翻转，肘尖下垂，右臂不要伸直，右拳高与鼻尖齐平，左拳不动；眼看右拳（参见图4，唯方向相反）。

要点：与前劈拳左起式说明完全相同，唯左右相反。

此动作又可左右式交替向原来的路线，动作和要点说明完全相同，唯方向相反。

8. 劈拳收式

（1）转身后，垫右脚，钻右拳，再进左步，劈出左掌，右脚跟进半步成劈拳左落式姿势（参见图4、图5）。动作要求和前面进行时相同。

（2）左脚收回靠拢右脚脚跟，同时左臂屈回胸前，然后两臂轻缓垂于身体两则；身体也随之轻缓站起，仍斜向前方，同时注意气向下沉，两肩放松；眼平视前方。

二、崩拳

崩拳是左右拳轮换向前直打的锻炼方法。出拳时，既要有速度、力量，又要保持周身完整，与步法进退起落整齐合拍。步法则完全以左脚直向前进、右脚尽力后蹬再向前跟步的单一形式，屈膝蹲身，高矮一致。进步时，右腿蹬劲，落脚后重心仍偏重右腿，这样就要求左腿前伸和右腿后蹬发挥最大的力量，使上下肢与躯干同时得到充分的锻炼。

1. 预备式

预备式的动作及要点完全与三体式相同（图7）。

图7

2. 右崩拳

（1）由三体式开始，先将两手变拳握紧，如螺旋状，随即将右拳拳心翻转向上，右肘紧靠右腰部，前臂贴于腹部右侧；眼看左拳（图8）。

要点：左手握拳后，肘尖仍下垂，肩要向下松，头颈要竖直，握拳时虽然要求握紧，但心理上不要有丝毫紧张，胸肌要注意松弛，不要憋气，要呼吸自然。

（2）左脚尽力向前迈进一步，右脚随即向前跟步，重心仍坐于右腿，前脚脚跟与后脚踝骨相对，横向距离20～30厘米；在进步的同时，右拳顺着左臂方向直向前打出，拳眼向上，拳面微前倾，左拳收回停于腰部左侧，拳心向上，成右拳前伸、左腿在前的拗步姿势；眼看右拳（图9）。

图8

图9

要点：左脚向前迈步时，抬脚不要过高，落脚时，脚跟先着地，但不要故意跺地；右腿尽力蹬劲，身体不要高起，步子越大越好；打出拳后，右臂要向前顺，左胯略向后收，上体朝左前方，右臂肘部下垂；身体要稳定，头要向上顶劲，塌腰；左脚前进落地与右拳的打出要协调一致。

3. 左崩拳

左脚继续尽力向前进步，右脚仍向前跟步；同时左拳顺着右臂方向直向前打出，拳心向右，右拳收回停于腰部右侧，拳心向上，成左拳左腿在前的顺步姿势；眼看左拳。

要点：身体仍要保持向右半斜姿势，左肩不要太向前伸，两胯略向后缩；其他各部要求均与右崩拳相同。

4. 右崩拳

动作与要点均与动作2右崩拳相同。

5. 左崩拳

动作与要点均与动作3左崩拳相同。

根据以上动作和要点，可以左右拳互换向前直打，数目多少要视场地条件而定，回身式总以打出右拳后再转身。

6. 崩拳回身

（1）打出右拳之后，左脚尖向回扣（约90°），右拳收回停于腹部右侧，左拳不动，以右脚脚跟为轴，脚尖随身体转后正对前方，同时身体向右后转约180°；眼看前方。

要点：左脚回扣、右拳收回与向右后转身上一连贯动作，中间停的时间不要过长，转身时避免低头弯腰。

（2）右拳经胸前靠近口部向前上方钻出，整个右臂要呈弧形，不能挺直，拳心斜向上并略外倾，小指侧向上拧劲；同时右膝向上提起，脚尖向右（向上勾），左腿微屈，成左独立姿势；眼看右拳（图10）。

（3）上式不停，右脚骤横摆向前落地，左脚随之向前跟步，脚跟离地，右膝抵住右膝窝，成交叉半坐盘姿势；左拳在落右脚时，经胸前向上顺右臂向前方变掌劈下，掌心向下；眼看左掌食指（图11）。

图10

图11

要点：右拳上钻与右膝上提要动作一致；右脚落地时要尽力向前横着踩出，两腿交叉要靠紧，左手前劈与右脚落地须整齐合一。

7. 右崩拳

两掌变拳握紧，右脚向前垫步，左脚再尽力向前迈一步，右脚随之向前跟步，距离左脚20 ~ 30厘米；同时右拳直向前打出，左拳收回腰部左侧；动作与要点均与前右崩拳打法相同。

如此左右崩拳交替向原来路线打回，往返趟数不限，要根据体力自己掌握。最后打到起式的位置（崩拳右势），再回身做收式动作。

8. 崩拳收式

（1）向右回身、提右腿、劈掌等动作完全与动作6崩拳回身和动作7右崩拳相同（图12 ~ 图15），打成右崩拳后身体不动，右脚向后撤回半步，左脚再撤至右脚后方，两腿交叉，左脚顺，右脚横，左脚脚跟微离地面，仍成交叉半坐盘式；左脚后撤时，左拳向前打出，右拳收回腰部右侧，拳心向上；眼看左拳（图16）。

图12

图13

图14

图15

图16

（2）左臂屈肘由上经胸前下落，两手垂于身体两侧；同时右脚收回靠拢左脚，身体轻缓起立，保持向右半斜方向；两肩向下松沉；眼向前平视（图17）。

要点：退右脚时，两拳不动，注意右肩不可随着向后扭转，左脚向后撤，以脚跟触地，再提起脚跟；两腿膝部要靠紧；左脚后撤与左拳向前打要协调一致。

图17

三、钻拳

1. 预备式

预备式动作与要点完全与三体式相同。

2. 右钻拳

（1）由三体式开始，左手握拳下落，经腹前翻转（成拳心向上），再经胸前由口前向上钻出；右手也同时变拳，转为拳心向下，紧靠脐部右侧；左脚在左手钻出的同时向前垫步，脚尖外撇，膝部略向前弓；眼看左拳的小指。

（2）右脚向前迈一大步，左脚随之跟进半步，重心偏于左腿；同时右拳经胸部由口前顺着左拳上面钻出，高与鼻平，左拳向内翻转（腕部向里扣）撤回腹前，拳心向下，拇指紧靠脐部；眼看右拳的小指。

要点：垫左脚和钻左拳要动作一致；钻右拳和进右步也要一致，须做到手到脚步停，整齐合一；迈步时步子要大，脚跟先触地，但避免抬脚过高。钻拳时力量要集中在拳右前端，前拳要与前脚尖相对，鼻尖又和前拳相对，前拳、前脚尖和鼻三点构成一直角三角形；上钻的拳向外拧劲；下按拳向内拧劲，肘要垂，肩要松，步要稳定。

3. 左钻拳

右脚向前垫步，脚尖外撇，然后左脚再向前迈一大步，右脚随之再跟进半步，重心偏于右腿；同时左拳翻转经胸部由口前顺右拳上钻出（拳心向上），高与鼻平，右拳向内翻转（腕部向内扣），撤回腹前，拳心向下，拇指紧靠脐部；眼看左拳的小指（图18）。

图18

要点：完全与右钻拳相同，唯左右相反。可以左右式反复交替练习，次数多少根据场地等条件而定。

4. 钻拳回身

钻出左拳之后（左拳、左脚在前），以左脚脚跟为轴，脚尖内扣，身体随之向右后转，两臂保持原状随身体右转180°，右脚在转体过程中，相应以脚尖为轴扭成顺直；然后，右脚垫步，脚尖外撇，右拳经胸部由口前顺左拳上钻出（拳心向上），左拳向内翻转（腕部向内扣）撤回腹前，拳心向下，拇指紧靠脐部；眼看右拳小指（图19）。

图19

此式不停，再进左脚钻出左拳。如此再向原来方向打回，往返趟数不限，要根据个人体力情况掌握。

要点：回身时，眼要看着左拳，两臂要随身体转动，不可松劲，身体转到约90°时，再转右脚；头要顶，腰要塌。

5. 钻拳收式

往返打到原来的位置时，做钻拳回身式，并打成左钻拳式停住。随后，左臂由上屈回经胸前下落，两手垂于身体两侧；同时左脚收回，靠拢右脚，身体站起，上体仍成向右半斜姿势，两肩向下松沉，呼吸要平稳；眼向前平视。

四、炮拳

1. 预备式

预备式动作与要点完全与三体式动作相同。

2. 右炮拳

（1）由三体式，左脚向前直进半步，同时左臂微外旋，掌心斜向上方，手指向前；右臂微外旋右掌前伸与左手心斜相对，随即右脚用力蹬地，尽力前进一步（身体不可高起），屈膝半蹲，左脚随之跟进，并提起靠在右脚内侧踝关节处；两掌在右脚进步的同时变拳撤回，靠紧腹部两侧，拳心均向上；眼平看左前方。

（2）左脚向左前方斜进一步，右脚随之跟进半步，重心偏右腿；同时左拳经胸前、面前向上翻转，由拳心向内转为拳心向外，停于头部左额角旁（拳心向前），右拳由腰部顺左脚前进方向向前打出，拳眼向上，肘部微屈，拳高与胸齐；眼看右拳（图20）。

要点：①左脚向前直进和右手前伸要同时，右脚落地与两拳回撤也要一致，以上动作必须整齐如一。②右拳向前打和左脚前进落地要一致；左拳上起时，要随着身体的转动先顺着胸部钻过鼻前，然后再向上翻转，切不要横着直接向上架；架起后拳勿过高，两肩要平、要向下沉。

图20

3. 左炮拳

（1）左脚向前半步，屈膝半蹲，右脚跟进，提起靠在左脚内侧踝关节处；同时，左拳由前向下落，与右拳相齐后同时撤回，紧靠腹部两旁，拳心均向上；眼平看右前方。

（2）右脚向右前方斜进一步，左脚随之跟进半步，重心偏于左腿；同时右拳经胸部、面部前方向上翻转，停于头部右额角旁（拳心向前）；左拳由腰部顺右脚前进方向向前打出，拳眼向上，肘部微屈，拳高与胸齐；眼看左拳（图21）。

图21

要点：与右炮拳完全相同，唯方向、左右手相反。

4. 右炮拳

（1）右脚向前半步，屈膝半蹲，左脚再跟进提起，靠在右腿内侧踝关节处；同时右拳下落，与左拳相齐后同时撤回，紧靠腹部两旁，拳心均向上；眼平看左前方。

（2）上左脚打右拳。这样，则可反复左右式交替进行练习。

5. 炮拳回身

（1）打出左炮拳之后，稍停，以左脚掌为轴，身体速向左后转；右脚随着转体方向落在左脚旁边，左脚随即提起紧靠右脚内侧踝关节处；同时右拳由前落下，与左拳相齐后撤到腹部两旁，拳心均向上；眼平看左前方。

（2）上式略停，再向左前方进左脚打右拳，成右炮拳姿势；然后再垫左脚，进右脚打左拳，成左炮拳式（图22、图23）。

如此再向原来路线打回，动作完全与前式相同，唯进行方向相反。

图22

图23

6. 炮拳收式

到原来起式一端，打出左炮拳之后，做炮拳回身式（参见前炮拳回身说明），再打出右炮拳，稍停，两拳由胸前下落，垂于身体两侧，同时左脚撤回靠拢右脚，成立正姿势；眼平视前方。

五、横拳

1. 预备式

预备式动作与要点完全与三体式相同。

2. 右横拳

两拳握紧，然后左脚向左前方斜进一步，右脚随之跟进半步，重心偏右腿；同时右拳经胸前由左臂肘下方随右前臂外旋向前拧转冲出，拳心转向上，高与口齐，肘部微屈成弧形，左拳随上体左转，撤至右臂肘部下方，拳心向下；眼看右拳（图24）。

图24

要点：右拳向前伸出时，拳心要慢慢向上、向外翻转，左臂要向内、向下扣劲，两臂如同拧绳一样，不要有丝毫松懈，右拳既要有冲的力量，又要有含着右方横滚的劲（不要过分显露于外），两胯要缩，两膝要扣，头要顶，肩要松，右肩要向前顺，身体要稳。

3. 左横拳

左脚向前垫半步，右脚随之经左脚内侧向右前方迈一大步，左脚再跟进半步，重心偏于左腿；同时左拳拧着劲由右肘下向前冲出，拳心转向上，高与口齐，肘部微屈成弧形，右拳随上体右转撤至左肘下方，拳心向下；眼看左拳（图25）。

要点：左脚垫步时，脚尖不要外撇，右脚进步要大，但必须经过左脚内侧走一弧形路线；进步时身体不要向上起，应保持平衡稳定；上体和上下肢要点与右横拳相同。

图25

4. 右横拳

右脚向前垫步，左脚随之经右脚内侧向左前方迈一大步，右脚再向前跟半步，重心偏右腿；同时右拳经胸前拧着劲由左肘下向前冲出，拳心转向上，高与口齐；同时左拳撤至右肘下方，各部要求皆同前右横拳式。

这样左右式反复交替练习。

5. 横拳回身

打出左横拳（右脚、左拳在前）后，稍停，身体向左后转，右脚随转动方向向左脚内侧扣步落地，左脚随即提起顺右脚内侧向左前方进一大步，右脚随之跟进半步，重心偏右腿；同时右拳在身体转动时，由胸前经左肘下方向前冲出，左拳随上体左转撤至右肘下方，拳心向下；眼看右拳。

要点：左后转身时，身体不要散乱，两臂要随身体转动（右臂外旋、左臂内旋）互相拧劲；右脚扣步不要太大，身体要稳定、灵活，速度要快。

这样可以依原来路线，进右步、打左拳打回去；左右动作相同，唯行进方向相反。

6. 横拳收式

打到原来起式的一端，等打出左拳（左拳、右腿在前）之后，做横拳回身式，再打出右横拳，稍停，两拳由胸前下落，垂于身体两侧；同时左脚撤回靠拢右脚，成立正还原姿势；眼平看前方。

思考、作业题

（1）简述形意拳五拳的动作要领及特点。

（2）简述形意拳与太极拳的异同。

（3）简述形意拳教学的步骤和教学应注意的问题。

第十章　八卦掌

【内容提要】八卦掌是以《易经》的阴阳、五形、八卦理论为理论基础，以先天八卦图指导内功，以后天八卦图指导功法技法的修练。技击中以掌为主，辅以腿、肘、拳、爪、指、头等击打敌人的内外兼修的拳法。本章主要介绍八卦掌的技术方法、基本原理、功法体系及八卦掌的基本知识，使学生了解八卦掌的基本特点。长期坚持练习，可以促进学生身体各系统机能的全面发展。

【学习目标】通过本章的学习，使学生正确掌握八卦掌的基本功和基本动作的练习方法并发展武术专项素质，为学生从事传统武术教学奠定良好的基础。

第一节　八卦掌概述

“八卦”最早见于《易经》：“两仪生四象，四象生八卦。”八卦掌是以八卦学说为理论依据、以掌法变换和行步走转为主的拳术。由于它运动时纵横交错分为四正四隅八个方位，与《周易》的卦象相似，故称八卦掌。八卦掌最早形成的套路是“先天八卦掌，也称“老八掌”，其套路在不断的传习中又衍化出“后天八卦掌”，即一掌生八式，八掌共生六十四种掌法。在一定程度上，“后天八卦掌”的出现丰富了八卦掌的套路和练习内容。除此之外，八卦掌在流传过程中和各种武术器械相结合，繁衍出许多器械套路，如八卦刀、八卦剑、子午鸳鸯钺等。同时，出于实践和训练的需要，八卦掌还有对练、散打等辅助练习内容。八卦掌技法特点如下。

一、三形三势

八卦掌讲究“具三形、备三势”。所谓“三形”，即“行走如龙，动转若猴，换势似鹰”；所谓“三势”，即“步如趟泥，手如拧绳，转如磨盘”。它要求下盘腿稳固沉实，行步似趟泥，连绵不断犹如龙游；中盘身腰柔韧，收放自如，拧身走转，行如推磨，回身转换敏捷如猴，灵活多变；上盘掌臂劲遒，滚钻挣裹，螺旋力连绵不断，抽身换势似鹰翻，手眼相随矫分健。而三盘又必须是：身随步动，掌随身变，步随掌转，上下相随，形成一个整体。

二、三空二扣

“三空”是手心涵空、脚心涵空、胸迟涵空。八卦掌的出掌，必须使掌心内凹涵空，掌背绷紧，掌根有力；八卦掌的踩步，在行步走转中五趾抓地，使脚心在感觉上有向内凹涵之意；八卦掌的身法，必须紧背、裹臂、涵胸，使胸部也微凹涵空，同时呼吸下行。“三扣”，是两肩要扣，手心脚心要扣，牙齿要叩。“三扣”与“三空”有密切关系，两肩扣拢，有助于胸部的涵空；手心脚心扣拢，有助于胸部的涵空；手心脚心扣拢，有助于掌心和脚心的涵空。肩扣胸空，内气到手；手扣掌空，内气到手； 脚扣底空，桩步劲厚。叩齿则筋强骨坚。“三空”和“三扣”的目的，主要在于使上下肢和身躯的肌群处于张力状况下，使八卦掌在运动的轻灵之中含蓄着沉重有力，外若优柔而中实刚劲。这样，八卦掌才能飘而不浮，柔而有骨。

三、三圆三顶

“三圆”是脊背须团圆，臀部须敛圆，虎口须张圆。背圆则脊背团圆胸自涵，身躯含劲，其力催身，内力外送。臀部敛圆则立腰坐胯，实腹敛臀，可防止提腹撅臀，有助于上体节节松沉下坠，内气传承流导。虎口圆则虎口圆撑，气贯指掌，手掌含劲。“三顶”是“舌顶腭，头顶天，掌顶前”。头顶天，是颈项自然竖直，下颏自然内收，头部正直，使百会穴处有向上直顶的感觉，即所谓“顺项提顶”；掌顶前，是两掌即使在屈肘竖掌时也须使掌心含有一股向前顶推的内劲，气贯周身，力达臂膀，掌力雄厚。

四、四坠四敏

“四坠”是肩坠腰，腰坠胯，胯坠膝，膝坠脚。八卦掌讲究两肩要有沉劲，腰部要有塌劲，胯部要有坐劲，脚下要有剪劲，脚下要有踩劲。两肩向下沉，使肩的沉劲下坠到腰，与塌劲相衔接。腰向下塌，臀向下塌，臀向下垂，敛臀提肛，腹部充实，使腰的塌劲下坠到胯，与坐劲相衔接。胯向下卸并向里裹，使胯的坐劲下坠到膝，与剪劲相衔接；使膝的剪劲下坠到脚，与脚的踩劲衔接。即腰催胯，胯催膝，膝催足。这样，身躯与四肢的周向劲力便通过“坠”的衔接而上下贯通一气，达到劲力完整的地步。

“四敏”是眼敏，手敏，身敏，步敏。八卦掌拳谱说：“心是帅，眼为锋”“眼有检查之明”，因此，眼睛必须敏锐，始终注视着手掌。“掌是兵刃”“手有拨转之劲”，因此，以“身似弓弦”“有转运之神”，因此，身法的翻转也必须敏快活泼。“脚似战马”有“快速之力”，因此，步法的走转也必须敏快迅速。但是步法的敏快是在摆扣得法、屈脚趟泥、夹裆摩胫的前提下进行的，不能离规矩、去原则地强调步法的敏快迅速。

五、十要三病

“十要”是指一要有意，意是用意识来引导动作，用心志活动去指导形体活动，把意识贯注到动作的攻守、劲力、意向中去。意也引导呼吸，做到心意领气，以气合力，即意、气、力的结合。二要有气，气是呼吸，“腹乃气根，气似云行”，八卦掌运动时必须运用腹式呼吸，气沉丹田。又须像空中行云那样，徐徐地调息，不可猛吸猛呼。三要有拧，八卦掌技法术语讲“拧旋走转”，要求腰要拧、臂要拧、手要拧，使头、手、腰、臂拧转朝圆心。四要有塌，塌是腰和腕都须有向下塌坐的内含之劲。五要有提，提是提肛，将尾闾向前微微提起。六要有裹，裹是肘臂抱圆向里含有裹劲，将两臂绷紧。七要有垂，垂是肩垂、肘垂，肩垂则臂长而灵活，肘垂则肱自圆，能护两肘。八要有掤， 是掤撑劲，身躯和四肢在“四坠”的基础上具有掤撑之劲。九要有松，松是周身关节要松开，关节不松，动作就僵硬不活，因此动作势势即要有掤，含蓄着掤撑劲，又要关节松开，使动作灵活自如。十要有顺，顺是身顺首，脚顺膝，膝顺胯，胯顺腰，指顺手，手顺肘，肘顺肩，上下顺随，不逆不亢。

“三病”是努气、拙力、腆胸，八卦掌最忌这三病。努气就是憋气，容易使气血不活；拙力即是僵硬劲，容易使动作滞涩；腆胸突肚，则易促成身法不活。

第二节　孙禄堂论八卦拳

一、入门三害

三害者何？一曰努气，二曰拙力，三曰挺胸提腹。

用努气者，太刚则折，易生胸满气逆，肺炸诸症。譬之心君不和，百官自失其位。

用拙力者四肢百骸，血脉不能流通，经络不能舒畅，阴火上升，心为拙气所滞，滞于何处，何处为病，轻者肉中发跳，重者攻之疼痛，甚之可以结成疮毒诸害。

挺胸提腹，腹逆气上行，不归丹田，两足无根，轻如浮萍，拳体不和，即万法亦不能处时中地步。

故三害不明，练之可以伤身，明之自能引人入圣，必精心果力，剔除净尽，始得拳学入门要道，故书云：树德务滋，除恶务本。练习诸君，慎之慎之。

二、入门九要

九要者何？曰：塌、扣、提、顶、裹、松、垂、缩、起钻落翻分明。

塌者，腰往下塌劲，尾闾上提督脉之理；

扣者，开胸顺气，阴气下降任脉之理也；

提者，谷道内提也；

顶者，舌顶上腭，头顶，手顶是也；

裹者，两肘往里裹劲，如两手心向上托物，必得往里裹劲也；

松者，松开两肩如拉弓然，不使膀尖外露也；

垂者，两手往外翻之时，两肘极力往下垂劲也；

缩者，两肩与两胯里根，极力往回缩劲也；

起落钻翻者，起为钻，落为翻，起为横，落为顺，起、钻是穿，落、翻是打，起亦打，落亦打，打起落，如机轮之循环无间也。

以丹田为用根，以意气力为用，以九要为准则，遵而行之，虽不中不远矣。

三、四德八能四情

四德者，顺逆和化。四者，即拳中合宜之理也。顺者，手足顺其自然往前伸也；逆者，气力往回缩也；和者，气力中正无乖也；化者，化其后天之气力归于丹田而返真阳也。

八能者，乃搬拦截扣，推托带领。八者，即拳中之性也。搬者，搬敌人之手足肩胯是也；拦者，拦敌人之手足如研肘是也；截者，突住敌人之手足胳膊腿是也；扣者，扣敌人之两手并胸小腹是也；推者，推敌人之两手并身，其中有单手推者，有双手推者（即双撞掌也）是也；托者，托敌人之两手，有平托者，有望高托者是也；带者，敌人抓住我手，极力往回带，或挂敌人之手皆是也；领者，领敌人之身，或敌人之两手，往左右领去，或往上领，或往下领，即使敌人不得中正之劲也。

八能者，内含六十四事，合六十四卦也。八者，正卦也，即上乾下乾之类；六十四者，变卦也，即上乾下坤，否泰互卦之类。所谓八搬八扣，各有八，合而为六十四者，则谓拳中之性也。

顺逆合化，为六十四卦之德也。六十四卦含之于顺逆合化四者之中，而为德行，行之于身而为道，用之于外而为情。情者，即起落钻翻也。且八能用时，或明而用之，或暗而用之，或打破彼之身式而用之。或化开彼之法式而用之，或刚进而用之，或柔进而用之，或进而用之，或退而用之，或诱而用之，或指上而用之下，或指下而用之上，或指左而打右，或指前而打后，或指此而打彼，或彼刚而我柔，或彼柔而我刚，或彼矮而我高，或彼动而我静，或彼静而我动，或看地之形式，伸缩往来分别而用之。地形者，远近险隘，广狭死生之类也，且身式将动而未动时，务要周身一家，合外内一道，再观彼之身式高矮，量彼之情形虚实，察彼之气质薄厚，将彼奸诈虚实等得之于心，随便酌量用之，而能时措之宜，至于拳内用法名目虽广，然无论如何动作变化，总以四情为表则也，四情用的合当，则能与性德合而为一道也。

思考、作业题

（1）简述八卦掌的技法特点。

（2）简述八卦掌的功法体系。

第十一章　拳械类

【内容提要】本章对武术中初级长拳、初级棍术、初级刀术等常见拳械项目的历史沿革、运动特点、主要练法、技术要求、锻炼价值等基本知识进行了系统介绍和论述。

【学习目标】通过本章的学习，使学生了解如上项目的历史沿革、运动特点等基本知识。重点掌握如上项目的主要练法、运动特点、技术要求和锻炼价值。通过正确指导技术练习，为今后的教学实践奠定基础。

第一节　初级长拳

初级长拳是一种姿势舒展、动作灵活、快速有力、节奏分明，并伴有窜蹦跳跃、闪展腾椰、起伏转折和跌扑滚翻等动作与技术的拳术。

预备动作

预备式

两脚并立，两臂自然垂；眼平视（图1）。

要点：挺胸，塌腰，收腹。

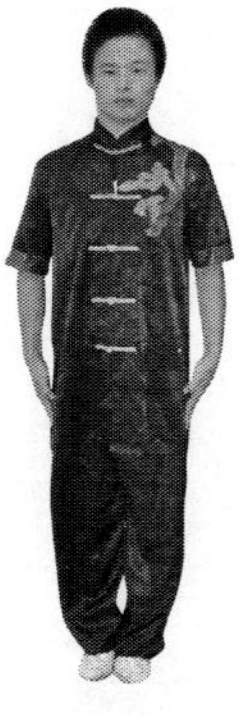

图1

1. 虚步亮掌

①右脚后撤成左弓步，右掌向前上画弧，左掌收于左腰侧。②左掌心向上，由右臂上向前穿出，右掌收于右腰侧（图2）。③重心移至右腿成左虚步，同时，右手向后、向头右前方画弧亮掌，左手臂内旋向左后画弧成勾手；目视左方（图3）。

要点：协调连贯，虚步要低，亮掌摆头同时完成。

图2

图3

2. 并步对拳

①上肢不变，重心立起成左提膝平衡（图4）。②左脚向前上步，右臂外旋下落，左勾手变掌，由后经腰侧仰掌前穿（图5）。③右脚向前上一步，两臂下垂后摆。④左脚向前并步，两掌变拳从两侧向上、向内经胸前下按于小腹前（图6）。

要点：对拳，并步，摆头。

图4

图5

图6

第一段

1. 弓步冲拳

左脚向左上一步，成左半马步，左拳立拳向左格打，右手抱拳于腰间，右腿挺膝伸直成左弓步，左拳外旋收于左腰侧，右拳立拳前冲；目视前方（图7）。

2. 弹腿冲拳

右拳收至右腰侧，左拳立拳向前平冲，同时右腿屈膝脚尖绷平向前弹踢（图8）。
要点：大腿抬平，力达脚尖。

3. 马步冲拳

右脚前落，脚尖内扣，身体左转90°成马步，同时左拳外旋回收至左腰间，右拳立拳向前冲出；目视右拳（图9）。
要点：马步两脚内扣，大腿要平，挺胸，塌腰。

4. 弓步冲拳

动作与要点与第一动相同，唯左右相反（图10）。

图7

图8

图9

图10

5. 弹腿冲拳

动作与要点与第二动相同，唯左右相反（图11）。

6. 大跃步前穿

①左腿屈膝，右拳变掌以手背向下挂至左膝外侧；目视右手（图12）。②左脚向前落步，右掌继续向后挂，左拳变掌，向后下伸直；目视右掌。③左腿向前上起跳，同时右脚向前屈膝提起，两掌由后向前上画弧摆起；目视左掌。④右脚落地全蹲，左腿随即落地向前平仆铲出，右掌变拳抱于腰侧，左掌由上向右下画弧立于右胸前；目视左脚（图13）。

要点：动作连贯，跃步要远，落地后接下一动作。

图11

图12

图13

7. 弓击掌

右腿迁膝蹬直成左弓步，左掌经左脚面向后画弧至身后成勾手，左拳变掌由腰间向前立掌推出；目视右掌（图14）。

要点：仆步弓步到位，击掌顺肩用寸劲。

8. 马步架掌

①左脚尖内扣成马步，体右转。同时右臂抽左平摆，左勾手变掌从右臂内向前仰掌穿出；目视左手。②右掌立于左肩前，左臂向左上屈肘亮掌于头部左上方；目视右侧（图15）。

技术要点：扣脚、穿掌、亮掌、摆头动作协调连贯。

图14

图15

第二段

1. 虚步栽拳

①右脚蹬地，屈膝提起，左脚以前脚掌为轴向右后转体180°；右掌变勾手由左胸前经右腿外侧向右下弧形勾挂，左臂随体转外旋；目视右手。②右脚向右落地，屈膝半蹲成左虚步；左掌变拳下落于左膝上，拳眼向里，右勾手变拳屈肘摆架于头右上方，拳眼向左；目视左方（图16）。

要点：虚步栽拳、屈肘摆拳、摆头动作同时完成。

2. 提膝穿掌

①右腿稍伸直，右拳变掌收于右腰侧，左拳变掌由下向左上画弧盖于头上方。②右腿挺膝伸直，左腿提膝，脚尖内扣；右掌从腰侧经左臂内向右前上方仰掌穿出，左掌收至右胸前成立掌；目视右掌（图17）。

要点：支撑腿直，右臂伸直。

图16

图17

3. 仆步穿掌

右腿全蹲，左腿向左后方铲出成左仆步；右臂不动，左掌由右胸前向下经左腿内侧向左脚面穿出；目随左掌（图18）。

要点：挺胸，立腰，仆步低。

图18

4. 虚步挑掌

右腿蹬直成左弓步，右脚向左前上步成左虚步，身体左转180°，同时左掌由前后向上画弧，右掌由后向下向前上挑起成双立掌；目视右掌（图19）。

要点：上步要快，虚步低稳。

图19

5. 马步击掌

①右脚尖外撇踏实，左掌变拳收至腰间，右掌向外捋手。②左脚向前上一步，扣脚尖，以右脚为轴身体向右转体180°成马步，左拳变掌从右臂上立掌推出，右掌变拳收至腰侧；目视左掌（图20）。

要点：右手捋手动作清楚，收拳击掌同时完成。

图20

6. 叉步双摆掌

①重心稍右移，两掌指均朝上向下向右摆；目视右掌。②右脚向左腿后插步，脚掌着地，两臂继续弧形左摆，成立掌停于身体左侧；目随掌动（图21）。

要点：立圆大，摆掌，后插步。

图21

7. 弓步击掌

①两腿不动，左掌收至腰侧，右掌向下向右划弧，掌心向下。②左腿后撤一步，成左弓步，同时左掌立掌向前推出，右掌向后下直臂勾挂；目视左掌（图22）。

8. 转身勾踢腿马步盘肘

①两脚以前脚掌为轴向左后转体180°，同时左臂向上向前、右臂向下向后画立圆。②上动不停，右掌变勾手反臂向后直臂勾挂，左掌心斜向上成亮掌，同时右脚向额前勾踢。③右脚前落，右勾手不变，左掌心向下屈肘下落至胸前；目视左掌（图23）。④上体左转90°成马步，同时左掌向左平捋变拳置于腰侧，右勾手变拳，直臂向右、向前平摆屈肘，拳心向下；目视肘尖（图24）。

要点：两臂划立圆，盘肘快速有力。

图22

图23

图24

第三段

1. 歇步抡砸拳

①重心稍起，右脚脚尖外撇，同时右臂向上向右、左臂向下向左使两臂抡直；目视右拳。②上动不停，两脚以前脚掌为轴，向右后转体180°，同时右臂向下、向后抡摆，左臂向上、向前随身体转动。③两腿全蹲成歇步，左臂微屈，以拳背向下平砸，右臂伸直上举；目视左拳（图25）。

要点：两臂成立圆，歇步腿叠紧。

图25

2. 仆步亮掌

①左腿抽出，上前一步成右弓步，左拳收抱于腰侧，右拳变掌现下经胸前向右横击掌；目视右掌（图26）。②右脚蹬地屈膝提起，上体右转，左拳变掌从右掌上仰掌穿出，右掌平收至左肘下（图27）。③右脚向右落步成右仆步，左掌向下向后画弧成勾手，右掌向右向上画弧抖腕亮掌；目视左侧（图28、图29）。

要点：上步，击掌，转身，仆步。

图26

图27

图28

图29

3. 弓步劈拳

①右腿蹬地立起，左腿收回并向左前方上步，右掌变拳收回，左勾手变掌由下向前上经胸前向左捋手（图30）。②右腿经左腿前方向左绕上一步，成右弓步，左手向左平捋后再向前挥摆，虎口朝前。③左手平捋时，右拳向后平摆。再向前上抡劈拳，拳心朝上，左掌外旋接扶右前臂；目视右拳（图31）。

要点：蹬地立起，右腿成弓步，平摆抡劈。

图30

图31

4. 换跳步弓步冲拳

①右脚稍后移，右拳变掌，臂内旋以掌背向下划，挂于右膝内侧；左掌背贴靠于右肘外侧；目视右掌（图32）。②右腿自然上抬，上体稍左转，右掌继续前挂，左掌伸向右腋下；目随右掌。③右脚全脚掌用力向下震跺，左脚急速抬起，右手向左向上、向前掳盖后变拳收至腰侧，左掌伸直向下、向上再向前屈肘下按，体右转；目视左掌。④左脚向前上步，成左弓步，右拳立拳向前平冲，左掌收于右腋下，掌背贴靠腋窝（图33）。

要点：上下肢连贯，震脚，左脚离地。

5. 马步冲拳

上体右转90°，重心后移成马步，右拳收至右腰侧，左掌变拳立拳向左冲出；目视左拳（图34）。

要点：重心要平稳，马步要底平，冲拳有寸劲。

图32

图33

图34

6. 弓步下冲拳

右腿蹬直，上体左转成左弓步，左拳变掌向下经体前向上架于头左上方，右拳至腰侧方拳向左前斜下方冲出；目视右拳（图35）。

7. 叉步亮掌侧踹腿

①上体右转，左掌下落于右手腕上，同时右拳变掌成十字交叉；目视双手（图36）。②右脚蹬地向左腿后叉步，左掌变勾手由前向后下画弧，右掌向右上抖腕亮掌；目视左侧。③左脚提膝向左侧上蹬踹；目视左侧（图37）。

要点：腿臂的动作一致，支撑腿要稳，侧踹高度不低于腰，力点在脚跟。

图35

图36

图37

8. 虚步挑拳

①左脚左侧落地，右掌变拳稍后移，左勾手变拳由体后向左上挑，掌背向上。②上体左转180°，微含胸前俯，左拳继续向前上画弧上挑，右拳向前下画弧挂至右膝外侧，同时右膝提起；目视右拳。③右脚步左前上步，成左虚步，左拳后画弧收至腰侧，右拳向前屈臂立拳挑出；目视右拳（图38）。

图38

要点： 虚步与右手挑拳要同时完成。

第四段

1. 弓步顶肘

①重心升高，右脚踏实，右臂内旋向下直臂画弧，以拳背下挂；目视前下方（图39）。②左腿蹬直，右腿屈膝上提，左拳变掌，右拳不变，两臂向前上画弧摆起；目随右拳。③左脚起跳，身体腾空，两臂继续画弧。④右脚先落地，左脚向前以前脚掌落地，同时两臂向右下屈肘停于胸前，右拳变掌，左掌变拳。⑤左脚向左上一步，成左弓步，右掌推左拳向左屈肘顶出；目视左前方（图40）。

要点： 换步要快，两臂抡摆成圆。

图39

图40

2. 转身左拍脚

身体右转180°，右手拍左脚背，同时，左掌变拳收于腰侧（图41）。

图41

3. 右拍脚

左脚向前落地，左拳变掌后摆，右掌变拳收至腰侧；右脚向前上踢起，左掌向前上拍击右脚脚背，右拳收于腰侧（图42）。

图42

图43

4. 腾空飞脚

右脚落地，左脚前摆起后屈膝，右脚蹬地跳起，同时右拳变掌以掌背向前上迎击左掌心；右腿向前上摆踢，右掌拍击右脚背，左掌向体后上举（图43）。

要点：腾空起跳向上，腾空要高，空中有造型。

5. 歇步下冲拳

左右脚依次落地，左掌变拳收至腰侧；身体右转90°，两腿叠紧成歇步，右掌变拳收至腰侧，左拳向前下平冲；目视左拳（图44）。

图44

6. 仆步抡劈拳

两脚蹬地站起，右臂向后伸直，左臂向上摆起；身体左后转270°，左臂向后下，右臂向前上抡转一周；左腿后落一步成左仆步，右拳立拳向下抡劈，左拳立拳后上举；目视右拳（图45）。

要点：抡臂时要画立圆，仆步时臂部贴近地面。

图45

7. 提膝挑掌

①重心前移成右弓步，同时右拳变掌向上抡摆，左拳变掌稍下落。②左、右臂由前向后各画圆一周，右臂伸直立掌停于头上方，左臂伸直勾手停于身后，右腿屈膝提起；目视前方（图46）。

要点：动作协调，抡臂要画立圆。

8. 提膝劈掌弓步冲拳

①下肢扣于左膝后，两拳变掌右上左下屈肘交叉于体前；目视右掌（图47）。②右脚向后落地，右腿半蹲，同时右掌向上、向右下画弧停于左腋下，掌心向上，左掌向左向上画弧停于右臂上，左胸前，掌心向下；目视左掌。③左脚脚尖稍右移虚步，右掌向右上抖腕亮掌，左掌向后画弧成勾手；目视左拳（图48）。

图46

图47

图48

结束动作

1. 虚步亮掌

①右膝扣于左膝后，两拳变掌右上左下屈肘交叉于体前；目视右掌。②右脚向后落地，右腿半蹲，同时右掌向上、向右下画弧停于左腋下，掌心向上，左掌向左、向上画弧停于右臂上，左胸前，掌心向下；目视左掌。③左脚脚尖稍右移成虚步，右掌向右上抖腕亮掌，左掌向后画弧成勾手；目视左方（图49）。

要点：动作协调，虚步低稳。

图49

2. 并步对拳

①左腿后撤一步，同时两掌从腰侧向前仰掌穿出（图50）。②右腿后撤一步，两臂分别向体后下摆。③左腿向后并步，两臂由后向上经体前屈臂下按，拳面相对（图51）。

3. 还原式

两臂自然下垂，目视前方（图52）。

图50

图51

图52

第二节　初级棍术

初级棍术是长器械中的一种，主要以抡、劈、扫、挂、戳、击、崩、点、云、拨、绞、挑等棍法，配合各种步型、步法、身法构成套路。其运动特点是勇猛泼辣，棍打一片，密集如雨，气势磅礴。

预备式

（1）两脚并步，身体直立；两臂自然下垂于体侧，右手持棍立于身体右侧；目向前平视（图1）。

（2）右手提棍上举，臂伸直；左手随即握住棍把（棍的粗端为棍把，细端为棍梢），臂平屈胸前；目向左平视（图2）。

要点：右手持棍略放松，棍上举要轻快。身体正直，左肩不宜过分下沉，微挺胸，收小腹。

图1

图2

第一段

1. 弓步劈棍

身体左转，左脚向前上一步，屈膝，右腿蹬直，成左弓步；同时，两手握棍随上步动作使棍身上段向前下劈，棍梢略高于肩，棍把紧贴左腰侧；目视前方（图3）。

要点：劈棍时，左手用力向左腰侧后拉，右手用力向左前下压。上步与劈棍动作要协调。

2. 弓步撩棍

（1）右手握棍向左侧上举，随即松握下滑握住棍的把端，左手撒开，由棍把处换握于棍的中段；同时，右脚离地准备向右斜前方上步；目视前方。

（2）右脚向右斜前方上一大步，屈膝，左腿在后蹬直，成右弓步；同时，左手向左后下方抡棍，右手经身前向头上方提起，翻腕，使棍沿着身体左侧向前撩出；左臂伸直，棍梢与右膝同高；目视前方（图4）。

要点：左手上移时，动作轻巧而迅速。棍沿身体左侧抡动时，动作匀速不宜太快，力点在棍梢一端。

图3

图4

3. 虚步上拨棍

（1）左手使棍梢由前下方向左上方摆起，在头上绕半圈；同时，右手由屈到伸向前推棍把，左手则继续向身体右后侧绕行，上体微右转，头微后仰，两臂左上右下在胸前交叉。此时，右脚脚尖外撇，两腿成交叉步；目视前方。

（2）左脚向前上一步，屈膝半蹬，继而右脚再上一步，微屈膝，成右虚步；同时，左臂伸直向前平摆，手心向下，身体画半个圆，再向左上方拨动。此时，右手置于左腋下，棍梢高与头平；目视棍梢（图5）。

图5

要点：上步与拨棍动作须协调一致；棍梢向左拨时，右手握棍位置不变。

4. 虚步把拨棍

（1）左手握棍由左前侧向右、向后、向左再向前绕行一周，右手握棍把由左腋下向前、向上经头部右方绕行，使棍身在头上平转一圈；同时右脚向右侧斜前方跨半步，微屈膝。

（2）身体重心前移，左脚向前上一步，微屈膝，脚尖点地，成左虚步；同时，右手由头部右侧向后、向左再向身体前侧绕行，臂部伸直斜上举；左手顺势绕至右腋下，使棍把由身后向身体右前上方画半圆拨击，棍把一端略高于头部；目视棍把（图6）。

图6

要点：拨动棍把必须与虚步同时完成。

5. 插步抡劈棍

（1）右手向下，经左腿外侧向左肩上方绕行，左手顺势微下降，同时左脚脚尖外撇，上体左转，使棍把由前上方向下、向上摆起。两腿成交叉步；目视身体右下方。

（2）右脚向身体右侧跨一步，成右虚步，同时，随着上体的微右转，右手握棍向身前抡劈，手心向下，左手随即微后拉，停于左肋旁，使棍把由后上向前劈下，把端与头部齐平；目视棍把（图7）。

图7

（3）右脚略前移，继而左脚从身后右侧插一步，成交叉步；同时，左手握棍向后、向下、向身前抡动，右手握棍向下、向左腋下绕行，使棍身在胸前转半个立圆，棍梢用力向身体右下方抡臂；目视棍梢。

要点：抡劈时，两手握棍不要太紧，棍身须紧贴体侧。

6. 翻身抡劈棍

以两脚为轴，上体向左后翻转，两腿屈膝半蹲成半马步；同时，左手握棍下压，继而向左、向上，随翻身动作向左侧前方下劈；右手握棍把顺势置于右腹前，棍梢略高于棍把；目视左前方（图8）。

图8

要点：翻身时，左脚掌内转，右脚跟碾动，翻身动作要干脆利落。劈棍前，棍梢须画一个立圆，劈棍动作要有力。

7. 马步平抡棍

（1）右手握住棍把上举，使棍身经过头上向后下降，背于后肩上；随即左臂伸直，手心向上，松握于棍梢近端；目视棍梢（图9）。

（2）左手撒开，右手握住棍把用力向身前抡动，使棍梢平抡一周；同时，身体顺平抡棍之势，以左脚为轴从左向后转，右脚向转体前的身体左侧上一步，随即两腿半蹲成马步。平抡棍后，两棍平屈胸前，左手松握于右手外面，手心均向下，棍身架于左上臂部，棍梢指向身体左侧（偏后）；目视右前方（图10）。

要点：平抡棍时，右手要用力，平抡棍高度略高于腰即可。

图9

图10

8. 跳步半抡劈棍

两脚同时蹬地跳起，以转胯的力量使身体从右向后转，随即两脚同时落地成马步。两脚跳起时左手上滑于棍的中段，并使棍略上举；身体转跳时，棍梢沿着身体向前下方平抡半圆；在两脚落地成马步时，两手向右前斜下猛劈，左手要随即向前松握棍把，左臂伸直，棍梢指向身体左侧，右手握住棍把撤至右腰前；目视棍梢（图11）。

图11

要点： 转体跳步时，两脚离地不要太高，两脚要同时起落，但转体要快。两手抡棍要用力，并与转体动作协调一致。

第二段

1. 单手抡劈棍

（1）右脚略向左移，脚尖着地，上体随即右转，成右高虚步；同时，左手撒开，向左侧上举成横掌；右手握棍把上举，继而臂外旋向右侧伸直，使棍梢由左向上、向身体右侧画弧绕行；目视右前方（图12）。

（2）上动不停。右手继续向下、向后、向前上方抡动，使棍梢经右腿外侧向后上方绕行。

（3）上动不停。右手向右侧翻腕，并屈肘收至右腹前，使棍梢继续向上，向前绕行；左手随即握住棍的中段，两手一齐用力向身体左前侧劈棍，使棍身与地面平行。在劈臂的同时，右脚向后退一步，上体右后转180° ，两脚半蹲成半马步；目视棍梢。

要点： 右手抡棍过程要用力，棍走立圆并尽量靠近身体，左手接握棍身动作要快速准确。

图12

2. 提膝抡劈棍

（1）身体重心后移至腿上，左脚稍内收，前脚掌着地；同时，右手握棍把向右上方提起，左手略向棍梢一端滑握；目视棍梢。

（2）上动不停。左腿屈膝提起，成右独立式；同时，右手用力向前下压，臂伸直，左手收至右腋下，上体随即左转，使棍把向前劈打，使棍身与地面平行；目视前方（图13）。

要点： 劈棍须与提膝动作同时完成，上体稍前倾。

图13

3. 弓步抡劈棍

（1）左脚向前下落，脚尖外撇，上体左转，成交叉步；同时，右手握棍向下，向腹前绕行，使棍把向下经左推前面向身体左下侧抡动；目视棍把。

（2）上动不停。右脚向身体右侧跨一步，脚尖点地，上体稍右移，成右虚步；同时，棍把继续向前抡劈，到与头平，右手顺势撤至左腰侧；目视棍把（图14）。

图14

（3）上动不停。右脚再向前上半步，屈膝，左腿挺膝蹬直，成右弓步；同时，左手略向棍身中段移握，并向后、向上、向前绕行，右手顺势收于左腋下，使棍梢由后向上、向前劈打，高与眼平；目视棍梢。

要点：整个抡劈棍动作要连贯，棍要走立圆，速度要均匀。

4. 弓步背棍

（1）右脚脚尖外撇，左脚脚跟外转，上体右转；同时，左手握棍向下、经腹前向身体右侧绕行，使棍梢向下、经右腿外侧抡绕；目视棍梢。

（2）上动不停。左脚向前上步，屈膝，右腿挺膝蹬直，成左弓步；同时，左手继续向上、向前绕行，右手顺势拉至腹前，使棍梢继续向上、向前抡绕；目视棍梢。

（3）上动不停。左手继续向下、向腹前绕行，右手向后上方举起，使棍把向后上方抡起；目平视前方。

（4）上动不停。右手持棍继续向前、向后下方抡绕，左手顺势将棍托至右腋下；然后撒开，手心贴靠右胸，由右手单手握棍抡绕至棍身斜背于左肩后，棍梢指向前上方。

（5）左手再由右向前撩起成立掌，小指一侧在前，掌指向上；目视左掌（图15）。

要点：抡棍过程中，动作连贯完整，棍要走立圆。背棍时，右手松握棍，两臂动作要伸展，上体稍前倾。

图15

5. 挑把棍

（1）右脚略向前靠，两腿叉开站立。右手握棍向下、向左绕行，使棍把由后下方绕至头部的前方，左手在右胸前接握棍的中段；目视左侧。

（2）上动不停。右脚向身体左侧上一大步，屈膝，左腿挺膝蹬直，成右弓步；同时，右手继续向后下绕行，左手握棍屈肘于左肩前，使棍把由上向后下抡绕；目视棍把。

（3）上动不停。上体左转，同时右手由后下向前绕行，左手顺势收回左腰胯前，使棍向前上方挑起，略高于头顶；目视棍把（图16）。

图16

要点：抡棍要走立圆，棍把向后抡绕时不要太猛，向前挑把时，右臂须用力快速挑起。

6. 转身弓步戳棍

（1）右脚脚尖内扣，左腿屈膝提起，成右独立式；同时，上体稍左转，右臂在右肩外侧平屈，左手稍向棍身中段滑握，然后臂伸直贴在左腿内侧；目视棍梢。

（2）上动不停。右脚脚尖内扣180°，上体从左向后转。

（3）转身之后，左脚立即向身体左侧落步，屈膝，右腿挺膝蹬直，成左弓步；同时，两手握棍使棍梢向左侧平戳，左手松握后滑与右手靠近；目视棍梢（图17）。

图17

要点：提膝和转身动作连贯，提膝不宜过高，转身要敏捷。

7. 踢腿撩棍

（1）右脚稍向前移，身体重心随即移至右腿上，上体右转。在转身的同时，两手握棍向上、向右侧体前抡劈；目视棍梢。

图18

（2）上动不停。两手握棍，使棍梢继续向下撩绕，上体随即再向后转，右腿顺着撩棍的方向，向右侧踢起，棍继续向身体左侧上撩。此时，两手握棍置于胸腹前，棍梢高于头，脚尖勾起，与鼻同高；目视棍梢（图18）。

要点： 整个动作要连贯协调，棍须走立圆，撩棍和踢腿要同时进行，两肩及手臂动作要放松，踢腿时不要弓腰。

8. 弓步拉棍

（1）左脚脚尖稍外撇，上体左传，右腿屈膝准备下落于身体右侧；同时，左手上滑握于棍身中部，直臂向右上方举起，使棍梢向右上方抡绕；目向右平视。

（2）上动不停。右脚在身体右侧落步，屈膝，左腿挺膝蹬直，成右弓步；同时，右手向右肩前拉带并内旋，左臂也直臂下压内旋，棍身斜放于身前，棍梢位置在膝下踝上之间；目向左侧平视（图19）。

图19

要点： 拉棍与弓步同时完成，动作要舒展。

第三段

1. 提膝拦棍

（1）左脚向身体右侧跨一大步，屈膝，上体随即从右向后转成左弓步；同时，左手握棍随着上步转体动作向身体左侧推出，臂伸直，手心斜向上，右手顺势提至头上。

（2）左脚脚尖内扣，右脚略收回并以脚尖点地，上体右转成右虚步；同时，左手握棍上举于左后侧，右手顺势向胸前下拉，臂弯曲，棍身斜举于胸前，棍梢指向身体左上方；目视右下方。

（3）上动不停。右腿屈膝提起，同时右手握住棍把向前推拦，左手举于头上，上体前倾；棍身斜架于身前；目视棍把（图20）。

图20

要点： 动作要连贯，支撑腿要稳定。

2. 插步抡把劈棍

（1）右脚向前落步，脚尖外撇，上体稍右转；同时，左手握棍向前下压，右臂顺势屈收至左腋下；目视前下方。

（2）左手继续向下，经右腿外侧向右绕，上体随即右转，右手位置不变，两腿左右交叉；目视棍梢（图21）。

（3）左脚向身体左侧横跨一步，两腿屈膝半蹲成半马步；同时，左手继续向右、向上、向左绕行，右手顺势撤至右腰侧，使棍梢向上、向左侧画弧平劈；目视棍梢。

（4）左脚从左腿后向右前插上一步，两腿成左右交叉；同时，右手向右、向上、向左，左手经腹前向右腋下绕行，使棍身在体前垂直翻转半周，棍把向左；目视棍把（图22）。

要点：整个动作要连贯，两手松握棍，棍身要贴近身体，并且必须翻转两个立圆。

图21

图22

3. 马步抡劈棍

（1）以两脚的前脚掌为轴，上体向右方翻转180°；同时，右手握棍向下、向右、向右肩外侧绕行，屈前臂，上臂与肩平行，左手侧顺势直臂伸向左下侧，棍梢指向左下方；目视棍把。

（2）上动不停。左腿向身体右侧跨一大步，上体随即从右向后转，两腿屈膝半蹲，成马步；同时，左手握棍向上，并随着转体动作向身体右侧抡棍，臂伸直，用力向前推下压；右手顺势撤至右腰前，使棍的上段向前平劈，棍梢略高于棍把；目视棍梢（图23）。

图23

要点：劈棍动作须用力，并与马步动作同时完成。

4. 翻身马步抡劈棍

（1）右腿屈膝提上，左腿直立，上体随即右转，并稍向左侧倾斜；同时，右手握住棍把向右胸前提起，屈肘；左臂伸直，稍下降；目视右上方。

（2）上动不停。左脚用力蹬地跳起，身体腾空。在起跳的同时，上体开始向右翻转，棍梢从左下方随转体动作向上抡绕。在腾空最高点，身体已从原来的位置转动180°，两腿屈膝提起；左手握棍上举，右臂屈肘于胸前；目视左下方。

（3）在空中，身体继续从右向后转180°，随即右脚先落地，左脚相继落地，两腿屈膝半蹲成马步。左手握棍从上向身体左侧劈下，左臂伸直，右手顺势撤至右腹前；目视棍梢（图24）。

要点：在腾空阶段，上体要挺直。整个动作要轻灵，劈棍与马步两个动作须同时完成。

图24

5. 上步右撩棍

（1）两腿直立，左脚稍回收；左手向棍把一端下滑并迅速换握于右手小指下侧，两手一起向上、向右绕行，同时上体右转，使棍梢向上、向转体前的右侧方抡动，画半个立圆；双手握棍举于胸前；目视棍梢。

（2）上动不停。上体迅速从左向后转，两手握棍继而向下、向后上方抡动并停在脸前；同时，右脚跟上一步，使棍梢向前撩出，画半个立圆。此时，左腿半蹲成右虚步，两手屈臂举于脸前，棍梢与胸同高；目视棍梢（图25）。

要点：抡棍上撩时，棍要尽量靠近身体右侧。

图25

6. 上步左撩棍

（1）上动不停。左手迅速移至右手拇指前握棍，两手一起继续向左后抡棍；同时，两腿随转身动作逐渐伸直，两臂伸直，两手握棍位于腰腹前；目视前方。

（2）紧接上一动作。两手握棍继续向下，向头部的前上方摆起；同时，上体向右后转，左脚经右脚向前上一步，使棍向下经身体左侧向上撩起。此时，右腿半蹲成左虚步，右手握住棍把置于头部前上方，左手在脸前松开托住棍身，棍梢与胸同高；目视前方（图26）。

图26

要点：与“右撩棍”相同，唯左右方向相反。

7. 转身仆步摔棍

（1）上动不停。两手继续向上、向身后抡出，同时左脚掌内扣、右脚跟碾转，两腿逐渐伸直，上体随即右转。

（2）右腿屈膝在身前提起，同时两手稍上提，左臂内旋，使左手虎口向下；右臂外旋，右手稍放松，使棍梢由前向下抡绕。

（3）两手继续使棍沿身体右侧向后、向上、向前、向下抡劈；同时，右脚向身后落步，全蹲，左腿伸直平仆，上体稍右转，成左仆步。此时，左臂斜前伸直，右臂屈肘于胸前正下方，棍梢前端摔地，身体稍前倾；目视前方（图27）。

图27

要点：整个动作要连贯，抡棍要走立圆，摔棍动作须与全蹲成仆步同时完成，棍身与左腿平行。

8. 弓步崩棍

右腿挺膝蹬直，左腿屈膝半蹲，成左弓步；同时，左手略向右手前滑握，棍顺势前送，两臂自然伸直，右手猛力向下压，使棍梢从下向上崩挑，高与头平；目视棍梢（图28）。

图28

要点：左手屈腕与右手下压要猛，但上崩弧度不宜过大。

第四段

1. 马步抡劈棍

（1）身体重心后移，左脚随即稍回收，上体右转，两腿半蹲成半马步；同时，右手握住棍把向身体右上方提抽，左手顺势向棍梢一端滑握；目视左下方。

（2）右脚向左脚前跨一大步，上体随即向左转，两脚半蹲成马步；同时，右手随着转体动作向右肩前上方一边滑握于棍身中段，一边向前、向右做抡劈动作，左手迅速换握并顺势撤至左腰侧，使棍把向上、向身体右侧抡劈。此时，右臂向右伸平，手心向下，虎口向左，左手虎口向右，把端高度在胸下腰上之间；目视棍把（图29）。

要点：上步与劈棍动作要协调一致，左右手换握，滑握要快。劈把时右手要用力。

图29

2. 坐盘半抡劈棍

以右脚脚跟、左脚脚掌为轴，上体右转，两腿屈膝全蹲，成坐盘式；同时，右手滑握至棍把，并收至腹前，左手滑握至棍身中段，并向上、向前抡劈，使棍梢随转体动作向上、向身前平劈。此时，左臂向前伸平，手心向下，小指一侧在前；右手握棍于腹前，棍梢与肩同高；目视棍梢（图30）。

要点：转体下坐与劈棍动作要协调一致。劈棍时左手须用力下劈。

图30

3. 左平舞花棍

（1）两腿立起，随即左脚向前上一步，同时，两手将棍向上平举，左手换握成手心向上，虎口向前。

（2）上动不停。左脚蹬地跳起，右脚向身前跨跳一步，脚尖内扣，身体随即向左转，左脚在身后悬空；右手向身前、向右再经脸前向左腋下绕行，左手则经脸前向右、向前平绕，使棍身随着转体动作在头上平转一周半。

（3）左脚在身后退一大步，上体随即向左右转，左腿半蹲，右腿蹬直，成左弓步；同时，棍梢随转体动作继续平绕半周，向身体的左上方拨击，两手握棍姿势不变。此时，左臂斜上举，棍梢略高于头；目视棍梢（图31）。

要点：整个动作要连贯，棍梢共绕行两周。右脚跨跳不宜太高。舞花棍时，两手不要握得太紧。

图31

4. 右平舞花棍

（1）右脚向身前方上一步，同时，右手从左腋下向前、向右再向左绕行，使棍身在头上平转接近一周。此时，右臂略屈肘上举，左臂向前平伸，两手虎口相对。

（2）上动不停。右脚蹬地跳起，左脚向身体右前方跨跳一步，脚尖内扣，上体随即右转，右脚在身后悬空；同时，两手握棍不变，左手继续上举，准备在头上做舞花棍动作。

（3）右脚向身体左后侧落步，上体随即右转；同时左手经脸前向右腋下绕行，左手换虎口夹握棍身，右手则向右经左肩上方向身前绕行，使棍身在头上平转一周。此时，身体重心落于左腿，右臂向身前平伸，手心向下；目视棍把。

（4）右脚再向身后移一小步；上体随即向右后转，右腿半蹲，左腿蹬直，成右弓步；同时，棍把随转体动作继续平绕半周，向身体的右后方拨击，两手握棍姿势不变。此时，右臂斜上举，把端略高于头，左手置于右腋，棍梢贴靠右胯外侧；目视棍把（图32）。

要点：整个动作要连贯，棍把共绕行两周。左脚跨跳不宜太高。两手上举舞花棍时不要握太紧，并都向棍身中段滑握，以便顺利地做舞花棍动作。

图32

5. 插步下点棍

右腿略伸直，右脚前脚掌擦地半步，上体随即左转，左脚速向左侧插步，成交叉步，上体随即左转，左脚速向左侧插步成交叉步；同时，两手在腹前各绕一个立圆，即两臂内旋，右手向下、向左、向上、向右再向左下方绕行，左手则从右腋处起也顺着右手的绕行路线向腹前绕压，使棍梢由右胯侧向上并随转体动作向右、向下、向左再向上、向右下抡绕点地。当左手从右腋处绕至身体左侧时，应迅速翻掌握棍并向右手附近滑握；目视棍梢（图33）。

要点：抡棍姿势要轻松自如，棍要画立圆，棍梢共绕一周半，点地要轻。

图33

6. 弓步下点棍

上体左转，右脚向后退一大步，左腿半蹲，右腿蹬直，成左弓步；同时两手在腹前转腕，即左手向左前使棍梢由身后向上、向前抡圆点地。此时，两臂伸直，两手位于膝前；目视棍梢（图34）。

要点：棍点地与弓步同时完成，点地要轻。

图34

7. 插步下戳棍

身体重心后移，上体右转，左脚随即从身后向右侧插一步成交叉步；同时，左手先上抬并向棍梢一端滑握，右手随即戳把由腹前向转体后的身体右下方伸直，左臂屈肘于左胸前，手心向内，上体略向左倾斜；目视棍把（图35）。

要点：插步与戳把动作要协调一致。

图35

8. 提膝拦棍

（1）右脚向右侧退跨一步，上体随即左转，同时左手向右肩外侧提带，右手经过腹前向前推出。

（2）上动不停。身体重心移至右腿，上体稍右转，左腿屈膝提起成右独立式；同时，右手向右后上方举起，左手则向身体左侧平伸推出，手心向上，使棍身中段向左上方架拦，棍梢指向左斜下放；目视左前方（图36）。

要点：整个动作要轻松自如，提膝后，上体稍向左前倾。

图36

还原式

（1）右手从上屈肘向身体右侧下落，臂伸直，左手顺势向上、向右肩上方成直拳，而后屈臂，使棍把由右上方下降至右腿外侧，棍身直立；目仍向左侧平视。

（2）左脚自然下落，与右脚并步站立；同时右手上滑握于棍身中段，左手撒开垂于身体左侧，棍把往右脚外侧着地；目视正前方（图37）。

要点：还原式动作要认真，精神要贯注。

图37

第三节　初级刀术

初级刀术是短器械的一种，以劈、砍、斩、撩、扎、挂、刺等刀法为主，配合各种步型、步法、跳跃等动作构成套路。其运动特点是勇猛快速、气势逼人、刚劲有力、雄健彪悍。

预备式

两脚并立，目平视前方。左手抱刀（虎口朝下，拇指在前，其余四指在后握住刀柄，手腕部贴靠刀盘），刀刃朝前，刀尖朝上，刀背贴靠前臂内侧；右手五指并拢，垂于身体右侧（图1）。

图1

1. 虚步亮掌

（1）右手向右、向上成弧形直臂绕环上举，手心朝左。

（2）右臂外旋并屈肘，从左肩下降至左腋近侧，手心朝上；左手握刀在右手屈肘下降的同时，由身前屈肘从右臂里面直臂向上穿出，手心朝下，刀尖朝下；目视右手。

（3）右手从左腋向下、向右弧形绕环，同时，左手握刀从上向下、向下弧形绕环；目随右手。

（4）右手继续向上绕环至头顶，屈腕成横掌，掌心朝前，肘关节微屈，左手握刀继续向下绕环至身后，反臂斜举，手心朝右；右腿在右手成横掌之同时屈膝半蹲，左脚则随之向前伸出，前脚掌虚点地面，膝微屈；目向左平视（图2）。

要点：上述四个动作必须连贯起来做，不要中断。成虚步时，必须虚实分清。要挺胸、塌腰。

图2

2. 并步拿刀

（1）左脚向前上半步，膝略屈；右脚不动，腿蹬直；右掌同时从身前向身后弧形下落，至身后反臂斜举（图3）。

（2）右脚前进一步，膝略屈，左脚不动，腿蹬直；左手握刀与右手同时从身后向两侧平举。

（3）右腿伸直，左腿向前并步；左手握刀与右手同时从两侧向额前上方绕环，至额前上方时，右手拇指张开贴近刀盘，准备接握左手之刀（图4）。

图3

图4

要点：上半步、进一步和并步的动作，必须和两臂从后向额前上方绕环的动作协调一致。

第一段

1. 弓步缠头

（1）右腿屈膝略蹲，左脚向左上步；右手持刀使刀背贴身从左绕向身后，左臂内旋（拇指一侧朝下）向左伸出，掌心朝后；目视左方。

（2）上身左转，右腿挺膝伸直，左腿屈膝半蹲，成左弓箭步；右手持刀手心朝下，上身左转的同时从身后向右、向前、向左肋处绕环平扫，手心向下，刀背紧贴左肋，刀身平放，刀尖朝后；左臂随之屈肘上举，至头顶上方成横掌；目视前方（图5）。

图5

要点：缠头时，刀背必须贴着脊背绕行。扫刀时，刀身必须平行，迅速有力。

2. 虚步藏刀

（1）上身右转，左腿伸直，右腿屈膝；右手持刀，手心朝下，与上身右转的同时从左肋处向右平扫，刀背朝前，左掌随之向左侧平落，手心向上；目视刀身（图6）。

（2）顺扫刀之势右臂外旋，手心向上，使刀背向身后平摆。

（3）以右脚前脚掌为轴碾地，脚跟外展，上身随之左转；左脚向后收半步，膝关节微屈，右腿屈膝略蹲；右手持刀，刀尖朝下，从背后向左肩外侧绕行；同时左手经体前向下、向右腋处弧形绕环；目视左前方。

（4）右腿屈膝半蹲，左腿微屈膝，左脚前脚掌点地，成右实左虚的虚步；右手持刀从左肩外侧向下、向后拉回，腕略屈，刀刃朝后，刀尖朝下；左手随即向前成侧立掌平直推出，掌指朝上；目视左掌（图7）。

图6

图7

要点：以上四个分解动作必须连贯起来做。扫刀要平，绕刀要使刀背贴靠脊背。

3. 弓步前刺

左脚稍前移，踏实，右脚随即向前上步，左腿挺膝伸直，右腿屈膝半蹲，成右弓箭步；左掌在上步之同时从前向上、向后直臂弧形绕环，至身后平举成勾手，勾尖朝下；右手持刀随之向前直刺，刀刃朝下，刀尖朝前；目视刀尖（图8）。

要点：刀尖和右手、右肩要平行，上身略向前探。

4. 并步上挑

左脚不动，重心后移，右脚蹬地回收，向左脚靠拢，并步直立；右手持刀在右脚并步的同时向上挑起，随即屈腕使刀身向背后落下，刀尖朝下，刀背贴靠脊背；左勾手随之向左平摆，与肩同高；目向前平视（图9）。

要点：要挺胸、直背，两腿伸直，左臂伸平，右肘微屈。

5. 左抡劈

（1）左脚不动，右脚向左斜前方上步；右手持刀同时向左斜前方劈下，左勾手变掌附于右肋处；目视刀身。

（2）顺劈刀之势，右臂内旋屈腕，使刀尖从下摆向身后，身体重心逐渐前移。

（3）右脚不动，左脚向左斜前方上步，右腿挺膝伸直，左腿屈膝半蹲，成左弓箭步；右手持刀向上提起，刀刃朝上，左掌仍附于右肋处。

（4）右手持刀从上向右斜前方劈下，刀尖稍向上翘；左臂同时屈肘上举，至头顶上方成横掌；目视刀尖（图10）。

要点：抡劈动作必须连贯、有力，与步法配合一致。

图8

图9

图10

6. 右抡劈

（1）右腿屈膝略蹲，重心后移至右腿上，左膝微屈；右手持刀向右下方抽回，刀刃朝下。

（2）右手持刀继续运转，臂外旋使刀尖向下、向右绕行至右侧时，刀背朝上；左掌同时从上向右胸前弧形绕环。

（3）腿蹬直，左脚向右斜前方上步；左掌向左侧下方绕环，右手持刀臂外旋将刀举起，刀刃朝上。

（4）右脚向右斜前方上步，左腿挺膝伸直，右腿屈膝半蹲，成右弓箭步；右手持刀同时从上向左斜前方劈下，刀尖稍向上翘；左掌随之从下向左、向上弧形绕环，至头顶上方屈肘成横掌（图11）。

图11

要点：同上述左抡劈。

7. 弓步撩刀

（1）右手持刀臂外旋屈肘使刀刃朝上，刀尖朝前，右脚提起离地（图12）。

（2）右脚随即向前落步；右手持刀向上、向后贴身弧行绕行，左掌从上向下按于刀背上面；目视刀尖。

（3）左脚从体前上步，右腿挺膝伸直，左腿屈膝半蹲，成左弓箭步；右手持刀随左脚上步的同时向前撩起，刀刃斜朝上，刀尖斜朝下；左掌仍按刀背，掌指朝上，上身前探；目视刀尖（图13）。

要点：撩刀必须与步法协调一致。

图12

图13

8. 弓步藏刀

（1）右手持刀，手心朝下，从体前向后平扫，右臂平举于左侧（图14）。

（2）上身右转，左脚尖内扣，右脚向身后撤步，左腿屈膝，右腿伸直；右手持刀顺扫刀之势外旋，使刀背向身后平摆，刀尖朝下。

（3）左脚向左斜后方撤步，右腿屈膝，左腿伸直；同时左掌向下、向右腋处弧形绕行，右手持刀从背后向左肩外侧绕行。

（4）右腿半蹲，成右弓箭步；右手持刀从左肩外侧向右后下方拉回，刀刃朝下，刀尖朝前，左掌随之从右腋处向前成侧立掌平直推出，高与眉齐，掌指朝上（图15）。

图14

图15

要点：扫刀必须迅速。藏刀时右大腿要坐平，右手持刀使刀身贴近右腿，刀尖藏于膝旁。左腿挺直，两脚脚跟和脚外侧均不可离地掀起。

第二段

1. 提膝缠头

（1）右脚不动，左脚向前上步；左掌屈肘收于右肩前方，右手持刀使刀背顺左臂外侧向后绕行，刀尖朝下。

（2）左脚脚尖外撇，上身左转；右手持刀继续顺左臂外侧绕行至背后，左掌随之向左直臂平摆。

（3）左脚不动，膝部伸直，右脚从身后屈膝在身前提起，脚面绷平，脚尖朝下；右手持刀从背后向前、向左肋处绕行平扫，至左肋下顺扫刀之势臂内旋，手心朝下，使刀平摆于左肋下，刀背贴肋，刀尖朝后；左掌同时从左侧屈肘上举至头顶上方成横掌；目视右方（图16）。

要点：直立腿的膝部必须挺直，提膝腿的膝部尽量高提，脚底贴近裆前。上身正直，右臂稍离胸前，不要紧贴胸上。

图16

2. 弓步平斩

左脚不动，右脚向右侧落步，上身稍向右转，左腿挺膝伸直，右腿屈膝半蹲，成右弓箭步；右手持刀（手心朝下）从左肋处向身前平扫，拦腰斩击，刀尖朝前；左掌同时从上向后平落，掌指朝后；目视刀尖（图17）。

要点：斩击时刀身要平，刀尖与腕部、肩部要平行。

图17

3. 仆步带刀

（1）右手持刀臂外旋使刀刃朝上，刀尖稍向下斜垂。

（2）左腿屈膝全蹲，右腿挺膝伸直平仆，左脚尖稍向外撇，右脚尖向内紧扣，成仆步；右手持刀向左上方屈肘带回，刀刃仍朝上，刀尖仍稍下垂；同时屈肘使左掌附于刀把内侧，拇指一侧朝下；目视前方（图18）。

要点：翻刀、后带动作必须连贯。仆步时，脚外侧和脚跟均不可离地掀起，上身稍向左侧倾斜。

图18

4. 歇步下砍

（1）上身稍抬起；右手持刀，刀尖朝下，从右肩外侧向背后绕行；左掌同时向左侧平伸，拇指一侧朝下。

（2）右脚不动，左脚从身后向右侧插步；同时左掌向下、向右腋处弧形绕环；右手持刀从背后向左肩外侧绕行，手心向下，刀身平放，刀尖朝后；目视右方。

（3）两腿屈膝全蹲成歇步，右大腿压盖在左大腿上面，右腿全脚掌着地，左脚仅以前脚掌着地，臀部坐落在左小腿上；右手持刀在歇步下坐的同时从左向前、向右下方斜砍，刀刃斜朝下，刀尖朝前，左掌随之向左摆出，在左侧上方成横掌；目视刀身（图19）。

图19

要点：上述分解动作必须连贯起来做。下砍时，刀的着力点是刀身的后段。

5. 左劈刀

（1）身体起立，左掌屈肘收至右额前，并附于右手腕；右手持刀，刀尖朝下，使刀背顺左臂外侧向左后方绕行。

（2）两脚前掌碾地使上身向左后转。左掌随之向左侧平摆，拇指一侧朝下；右手持刀顺左臂绕行至背后。右腿略屈膝。

（3）上身继续左转成左弓步。

（4）左脚不动，右脚向左斜前方上步，右腿稍屈膝；右手持刀同时从身后向上、向前、向左侧下方斜劈，刀尖斜向下；左掌随之屈肘附于右肘处，掌指朝上。

（5）顺劈刀之势，右臂内旋，屈腕使刀尖摆向身后，刀刃朝下；左掌附于右腕处；目视前方。

要点：转身、绕背、下劈的动作必须迅速连贯。

6. 右劈刀

（1）上身稍起立并向右转。右手持刀上举，刀尖向下，使刀背顺左肩外侧绕向身后，左掌随之上举（图20）。

（2）左脚向右斜前方上步，右腿稍屈膝；同时，右手持刀从身后向上、向前、向右侧下方（即右腿外侧）斜劈，刀尖斜向下；左掌随之附于右肘处。（图21）

（3）顺劈刀之势，右臂外旋并屈腕使刀尖向后摆起，刀刃朝下，左掌随之分开；目视刀尖。

要点：劈刀必须快速有力。

图20

图21

7. 歇步按刀

（1）右手持刀，臂外旋屈肘，刀尖朝下，使刀背从右臂外侧向后绕行；目视右手。

（2）左脚前掌碾地使脚跟外展，右脚从身后向左侧插步；右手持刀从背后向左肩外侧绕行，同时左掌从左侧上举，附于右手腕的拇指近侧。

（3）两膝全蹲成歇步，左大腿压盖在右大腿上面，左脚全脚掌着地，右脚仅以前脚掌着地，臀部坐在右小脚上；右手持刀向左侧下按，左手附于右腕，刀刃朝下，刀尖朝身后；目视刀身（图22）。

图22

要点：插步、歇步、绕刀、按刀的动作，必须快速连贯。

8. 马步平劈

（1）两腿稍微蹲起，上身向右后转；右手持刀与左掌随身体转至上身左侧时，两手从左向上举起，刀尖向下；目视刀尖。

（2）两腿屈膝半蹲成马步；右手持刀从左向上、向右劈下，刀尖稍微向上翘，与眉相齐；屈肘，左掌在头顶上方成横掌；目视刀尖（图23）。

图23

要点：转身、劈刀要快。成马步时，两脚脚尖要向内扣，大腿要坐平。

第三段

1. 弓步撩刀

（1）左掌从上向右肩弧形绕至右肩前；目视左掌。

（2）上身左转，右脚向左侧上一大步，左腿挺膝伸直，右腿屈膝半蹲，成右弓箭步；左掌在右脚上步的同时继续向下、向左、向上圆形绕环，至身后成斜上举，掌心向上；右手持刀随右脚上步的同时向下、向左侧撩起，刀刃斜朝上，刀尖斜朝下；目视刀尖（图24）。

图24

2. 插步反撩

（1）上身左转，右腿蹬直，左腿屈膝；同时，右手持刀从右向上、向后弧形绕环，左掌随屈肘收于右胸前；目随刀转。

（2）上身右转，左脚从身后向右侧插步；右手持刀继续向下、向右反臂弧形绕环撩刀，刀刃斜朝下；同时左掌向左侧成横掌推出，拇指一侧朝下，掌指朝前，肘略屈；目视刀尖（图25）。

图25

要点：上述的分解动作必须连贯，插步反撩时，上身略向前俯。

3. 转身挂劈

（1）以两脚前脚掌为轴碾地，使上身向左后翻转；右手持刀，手腕反屈（向手背方向弯屈）使刀尖翘起，随上身翻转的同时从下向左、向上挂挑，刀刃朝前，刀尖朝右上，左掌随上身转动。

（2）上身继续向左后转，两腿交叉，左腿在前，右腿在后，右手持刀随上身后转的同时从上向下、向左弧形绕环挂刀，左掌屈肘附于右腕处；目视刀尖。

（3）左脚不动，右脚向右跨步；右手持刀臂内旋，使刀刃朝上，向上举起，左掌从右腕处向下、向左弧形绕环平伸。

（4）右腿伸直，左腿蹬地提起屈膝在腹前，上身略向右倾倒；右手持刀，于左腿提膝的同时从上向右用力下劈，刀刃朝下，刀尖稍向上翘；左掌随之屈肘上举，在头顶成横掌；目视刀尖（图26）。

要点：挂刀时，必须反屈腕，防止刀尖扎地。挂刀和劈刀的动作要连贯起来。提膝独立要站稳。

图26

4. 仆步下砍

（1）左脚在左侧落脚，右腿伸直，左腿屈膝；右手持刀，臂外旋屈肘，使刀刃朝后、刀尖下垂，从右肩外侧向后沿肩背绕行；同时左掌从上向左、向下、向右胸前弧形绕环，至右胸前成侧立掌，掌指朝上。

（2）左腿屈膝全蹲，右腿伸直平仆成仆步；右手持刀从背后向左、向前、向右下方绕行平砍，刀刃朝后，刀尖朝前；同时屈肘，左掌举于头顶成横掌；目视刀身（图27）。

要点：平砍时，刀的着力点是刀身后段。

图27

5. 架刀前刺

（1）左腿蹬地起立并向右侧上步，身体向右后转，右膝略屈；右手持刀臂内旋，使刀刃朝上，向下横架；同时左掌附于右手腕的拇指近处；目视前方。

图28

（2）以左脚前脚掌为轴碾地，右腿屈膝提起，上身向右后转；转身时，右手持刀上举，刀身经过头顶上，刀尖方向不变；转身后，两臂屈肘使刀平落，刀刃朝上，刀尖所指的方向不变（经过转体后，此时刀尖实际上向右）。

（3）右脚向前落步，左腿挺膝伸直，右腿屈膝半蹲，成右弓箭步；右手持刀向前直刺，刀刃朝下；同时左掌向后方平伸，掌指朝后上方；目视刀尖（图28）。

要点：进步架刀，提膝转身，弓步前刺的动作必须迅速连贯。转身时注意刀尖的方向一直指向同一目标。

6. 左斜劈

（1）两脚前脚掌碾地，使上身向右转。右手持刀臂内旋，刀尖朝下，使刀背沿左肩外侧向后方绕行；左手从右向左前方弧形平摆；目视左手。

（2）左腿屈膝提起，右手持刀向右、向前、向左下方绕环下劈；左掌附于右前臂，上身略向前倾。

（3）顺劈刀之势，右臂内旋屈腕，使刀尖向左后上方摆起（图29）。

要点：提膝独立要稳，斜劈要快速有力。

图29

7. 右斜劈

（1）左脚向前落步。

（2）上身向右后转，右腿随之提膝离地；右手持刀从左向前、向右下方斜劈，左掌随之向左侧斜上举；目视刀尖（图30）。

要点：同左斜劈。

图30

8. 虚步藏刀

（1）右脚向后落步伸直，左腿屈膝；右手持刀，在落步的同时臂外旋、屈腕，使刀尖朝下沿右肩外侧向左后绕行。

（2）身体重心后移，右腿屈膝略蹲，左脚后退半步；右手持刀从背后向左肩外侧绕行，同时左掌向下、向右腋处弧形绕环。

（3）右手持刀从左肩外侧向下、向后拉回，肘略屈，刀刃朝后下，刀尖朝前；左掌随即向前成侧立掌平直推出，掌指朝上。此时，右腿半蹲，左腿屈膝，成右实左虚之虚步；目视左掌（图31）。

图31

要点：绕刀时，必须使刀背贴靠脊背绕行。藏刀时，右手腕部必须上翘，使刀尖尽量向上，不要使刀尖下垂。

第四段

1. 旋转扫刀

（1）左脚踏实；右手持刀臂内旋，使刀尖朝下，沿左臂外侧向左肩部绕行，左掌屈肘附于右手腕的拇指近侧。

（2）左脚脚尖外撇，右脚上步，上身左转；右手持刀沿左肩右后方绕行，同时左掌从右向左平摆；目视右方。

（3）左脚从身后向右侧方插步，右手持刀继续从背后向右肩外侧绕行；目视右手。

（4）两腿屈膝全蹲成歇步，右手持刀，手心朝上，从右肩外侧向前下方迅速平扫；目视刀身（图32）。

（5）上身向左后转，右手持刀随身转动，低扫一周。转身后，两腿直立；右手持刀顺扫刀之势臂内旋，使手心朝下，将刀贴靠于左臂外侧；左掌附于右手腕的拇指近侧（图33）。

要点：旋转扫刀必须快速，刀身要平、要低。

图32

图33

2. 翻身劈刀

（1）上身右转，同时，右手持刀向右侧下劈，左掌附于左前臂；目视刀尖。

（2）右脚向左侧摆起，左脚蹬地跳起，同时上身向左后翻转，接着右脚向前落地。在跃步和转身的同时，左掌从右前臂处向下、向左后、向上弧形绕环，至头顶屈肘成横掌；右手持刀随转身之势向下、向左后绕环撩起，刀刃朝上；目视右手。

（3）上身继续后转；左脚向身体的右后方落步，左腿屈膝全蹲，右腿伸直平仆成仆步，上身向右前方探伸；右手持刀在转身落步的同时从上向前劈下，左掌随之向下、向后、向上摆起，屈肘成横掌；目视刀尖（图34）。

要点：翻身跃步要远不要高，劈刀要抡圆。

图34

3. 缠头箭踢

（1）左脚蹬直使上身立起。左掌屈肘收于右肩前方，右手持刀臂内旋，刀尖朝下，使刀背沿左臂外侧向后绕行；同时左脚向前摆起，右脚蹬地跃起。此时，左掌从右肩向左侧平摆。

（2）在空中，右手持刀做缠头动作，从背后向右、向前、向左肋处绕环平扫；左掌随屈肘上举至头顶上方成横掌；同时，右脚用脚跟向前蹬踢，左脚即用前脚掌落地（图35）。

要点：缠头和箭踢动作必须先后相应协调进行。缠头要快速，箭踢要有力，膝部要伸直。

图35

4. 仆步按刀

（1）上身右转，右手持刀从左肋处向前、向右、向后下方斜劈，左手左斜举，手心向上；目视刀身。

（2）右腿屈膝收回；右手持刀臂外旋，刀尖朝下，使刀从右肩外侧向背后绕行；目视右方。

（3）上身向后转；同时，左脚蹬地纵起，右脚趁势下落；右手持刀在纵步的同时从背后向左肩外侧绕行，左掌随屈肘附于右手腕的拇指近处。

（4）右腿屈膝全蹲，左脚在左侧方落步，左腿伸直平仆成仆步；右手持刀，与左掌同时向下按切，左手附于右手腕，刀尖朝左，刀刃朝下；目视左方（图36）。

要点：向右后方劈刀要快速有力，纵跳和向右后转身要借助劈刀的惯性。做仆步时，左脚尖内扣，两脚外侧和脚跟均不可离地掀起，上身略向左前方探倾。

图36

5. 缠头蹬腿

（1）右腿蹬直立起，左膝提起成独立；右手持刀向右后拉回，左掌向左前方伸出，掌指朝上；目视左手（图37）。

（2）上身左转，右手持刀从后向前由左膝下方朝左裹膝抄起，左掌屈肘附于右前臂；目视前下方。

（3）右手持刀从左肩外侧向后沿肩背绕行，左脚即向左斜前方落步，左掌向左平摆，掌心向下。

（4）左腿屈膝半蹲，右腿挺膝伸直，成左弓箭步；右手持刀从背后经右肩外侧向前、向左肋绕环平扫，至左肋顺扫刀之势臂内旋，将刀背贴靠左肋；左掌随屈肘上举至头顶上方成横掌。

（5）右脚脚尖上翘，用脚跟向前上方蹬腿；目视脚尖（图38）。

要点：缠头时必须使刀背绕裹左膝后顺脊背绕行，动作要迅速，蹬腿要快，并与缠头动作连贯一致。

图37

图38

6. 虚步藏刀

（1）右脚向前落步。

（2）左脚向前跃步，右脚趁势提起，上身在跃步之时向右后转；右手持刀，手心向下，随着转身平扫一周，左掌从上向后方平摆，掌心向上。

（3）右脚向后落步，右手持刀外旋，使刀从右肩外侧向后绕行。

（4）左掌从左侧向下、向右腋处弧形绕环后附于右腕处，右手持刀从背后向左肩处绕行。

图39

（5）右腿屈膝半蹲，左腿略屈膝，右脚踏实，左脚脚尖点地成虚步；右手持刀向下，向后拉回，刀尖朝前；左掌向前平伸推出，掌指朝上；目视左掌（图39）。

要点：跃步、转身、落步的动作必须与刀的平扫、绕背动作协调一致。

7. 弓步缠头

（1）左脚向左前方上半步，挺膝伸直；同时，右手持刀臂内旋，刀尖朝下，使刀从左肩外侧向后绕行，做缠头动作。

（2）右腿挺膝伸直，左腿屈膝半蹲，成左弓箭步；右手持刀从背后向右、向前、向左肋处绕环平扫，至左肋时顺扫刀之势，刀尖朝后；同时左掌屈肘上举至头顶上方成横掌；目视前方（图40）。

要点：缠头时必须使刀背贴靠脊背绕行，扫刀要迅速。

8. 并步抱刀

（1）左腿伸直，右腿屈膝，上身右转；右手持刀向右平扫，左掌随之向左平摆，掌心朝上；目视刀尖（图41）。

（2）顺扫刀之势右臂外旋，使刀背向身后平摆；目视右手。

（3）右腿伸直，左脚向右脚靠拢，并步直立；右手持刀，刀尖朝下，刀刃朝后，刀把向额前上方举起；同时，左掌也向额前上方举起，拇指张开，用掌心握住刀把，准备将右手之刀接回；目视前方（图42）。

要点：并步与接刀的动作要协调一致。

图40

图41

图42

还原式

（1）左手将刀接回，与右掌同时从上由前分向两侧落下，左手抱刀，刀背贴靠臂肘，刀刃朝前，刀尖朝上；左脚向后退一步。

（2）右脚向后撤一步；同时，右掌从下向后、向上绕向右耳侧成横掌，掌心朝前，拇指一侧朝下，左手握刀不动；目视右手。

（3）左脚后退向右脚靠拢，并立直立；右掌随即从右耳侧向下按落，掌心朝下，肘略屈并向外撑开，左手握刀不动；目向左平视（图43）。

图43

要点： 退步、撤步和绕掌的动作要连贯迅速。

第四节　初级剑术

初级剑术是短器械的一种，以刺、点、撩、截、崩、挑等剑法为主，配合各种步型、步法等构成套路。其运动特点是轻快敏捷、潇洒飘逸、灵活多变、刚柔相济、富有韵律。

预备式

身体正直，并步站立。左手持剑：以拇指为一侧，中指、无名指和小指为另一侧，分握护手盘与剑柄的分界处，掌心贴在护手盘下部，手背朝前，食指贴于剑柄，剑身贴于前臂后侧。右手握成剑指：食指和中指伸直并拢，无名指和小指屈向手心，拇指压在无名指的指甲上，手腕反屈，手背朝上，食指、中指内扣并指向左下侧；两臂在体侧下垂，两肘微上提；目视左方（图1）。

图1

要点： 持剑时，前臂与剑身要紧贴并垂直于地面。两肩松沉，上身微挺胸、收腹，两膝挺直。

1. 上步剑指

（1）上身半面向右转，右脚向右上一步，屈膝；左脚前脚掌碾地，脚跟外展，左膝挺直，成右弓步。在右脚上步的同时，右手剑指从身体右侧经胸前屈肘上举，至左肩后向右前方平伸指出，拇指一侧在上；目视剑指。

（2）上身右转；左手持剑由左侧直臂上举，经头部前上方向右侧画弧，至身前时拇指一侧朝下做反臂平举；同时右手剑指屈肘收于右腰侧，手心朝上（图2）。

（3）左脚向右脚并步；左手持剑随之下落，垂于身体左侧；同时，右手剑指向右侧平伸指出，拇指一侧在上；目视剑指（图3）。

要点：①上述的上步剑指平伸，转体持剑向右侧画弧和并步剑指平伸三个分解动作，必须连贯起来做。②动作过程中，两肩必须放松。③持剑转体向右侧画弧时，左臂直臂上举，腰向右拧转，两脚步不可移动。④左臂向右侧画弧至与肩同高时，肘略屈，使右手剑指从左手背上穿出成立指。左手持剑而下落，垂于体侧。

图2

图3

2. 左弓步横剑

（1）左脚向左上步，屈膝，右脚前脚掌碾地，使脚跟外展，膝部挺直，成左弓步；上身随之向左转。在左脚上步的同时，左手持剑屈肘经胸前向上、向前弧形绕环，平举于身体左侧，拇指一侧在下。

（2）左腿伸直站立，右脚向前上步；左手持剑随之从身前下落，垂于身体左侧；同时，右手剑指屈肘沿右耳侧向前平伸指出，拇指一侧在上；目视剑指（图4）。

图4

要点： 右手剑指向前指出时，肘要伸直，剑指尖稍高过肩。

3. 右弓步持剑

（1）左手持剑由右手剑指上面向前平伸穿出，拇指一侧在下；右手剑指顺左臂下面屈肘收于左肩前，并且屈腕使手指朝上；上身右转，右脚向右侧跨步，屈膝，左脚尖随之内扣，膝部挺直，成右弓步；目视左方。

（2）上身右转，右手剑指经身前向右侧平伸指出，拇指一侧在上；目视剑指。

要点： 成右弓步时，左脚要挺直，两脚的全脚掌均着地。上身略向前倾，挺胸，塌腰。左手持剑伸平，左肩放松。

4. 虚步亮剑

右脚的前脚掌内扣，上身左转，重心落于右腿；左脚随之移回半步，屈膝并以前脚掌虚着地面，成左虚步。在左脚移步的同时，左手剑指向胸前屈肘，手心向内，准备接握左手之剑；目视剑尖（图5）。

图5

要点： 做左虚步时，右实左虚要分明，右脚脚跟不要掀起。上身要挺胸，塌腰，并稍前倾。两肘要平，剑尖稍高于左肘。

第一段

1. 弓步直刺

右手接握左手之剑，左手握成剑指；左脚向前上半步，屈膝，右脚前脚掌碾地，脚跟外展，膝部挺直，成左弓步；同时，上身左转，右手持剑向身前平伸直刺，拇指一侧在上；目视剑尖（图6）。

图6

要点： 做弓步时，前腿屈膝蹲平，两脚的全脚掌着地。上身稍向前倾，腰要向左拧转，下塌，臀部不要凸起。两肩松沉，右肩前顺，左肩后引。剑尖稍高于肩。

2. 回身后劈

图7

左脚不动，膝部伸直，右脚向前上一步，膝略屈，上身右转；同时，右手持剑经上向后劈，剑高与肩平，拇指一侧在上，左手剑指随之由下向前上弧形环绕，在头顶上方屈肘侧举，拇指一侧在下；目视剑尖（图7）。

要点：上步、转身、平劈和剑指向上侧举必须协调一致。转身后，腰要向右拧转，左脚不要移动。剑身和持剑臂必须成直线。

3. 弓步平抹

图8

左脚向左前方上一步，屈膝，右腿在后，膝部挺直，脚尖内扣，成左弓步；同时，左手剑指由胸前下降，经左下向上弧形绕环，在头顶上方屈肘侧举，拇指一侧在下，右手持剑（手心转向上）随之向前平抹，剑尖稍向右斜；目视前方（图8）。

要点：抹剑时，手腕用力须柔和。

4. 弓步左撩

图9

（1）上身左转，右脚屈膝在身前提起，脚尖下垂，脚背绷直；同时，右手持剑臂外旋使剑由前向上、向右画弧，至后方时，屈肘使手腕、前臂贴靠腹部，手心向内，左手剑指随之由头顶上方降落，附于右手腕部（手心向下）；目视剑身。

（2）右腿继续向右前方落步，屈膝，左腿在后蹬直，脚尖内扣，成右弓步；同时，右手持剑由后向下、向前反手撩起，小指一侧在上，左手剑指随右手运动，仍附于右手腕处；目视剑尖（图9）。

要点：剑由前向后和由后向前弧形撩起时，必须与提膝和向前落步的动作协调一致，握剑不可太紧。形成弓步后，上身略向前倾，直背，收臀，剑尖稍低于剑指。

5. 提膝平斩

左脚向前上一步，右手腕向左上翻转，屈肘，使剑向左平绕至头部前上方，右脚随之由后向前屈膝提起；右手继续翻转手腕，使剑向右平绕至右后方（手心向上），再用力向前平斩，左手剑指由下向左、向上弧形环绕，屈肘横举于头部左上方；目视前方（图10）。

图10

要点：剑从左向右后平绕时，上身必须后仰，使剑从脸部上方平绕而过，不可从头顶绕行。提膝时，左腿必须挺膝伸直站稳，右腿屈膝尽量上提，右脚贴护裆前，上身稍向前倾，挺胸收腹。

6. 回身下劈

右脚向前落步，脚尖外撇，膝略屈，上身右转；同时，右手持剑手腕反屈，使剑尖下垂，随之向后下方直刺，剑尖低于膝，拇指一侧在上，左手剑指先向身前的右手靠拢，然后在刺剑的同时，向前上方伸直，拇指一侧在上；目视剑尖（图11）。

图11

7. 挂剑直刺

（1）左脚向前上一步，屈膝略蹲，右臂内旋，先使拇指一侧朝下成反手，然后翘腕、摆臂，使剑尖向左、向上抄挂；当持剑手抄至左肩时，再屈肘使剑平落于胸前，手心向内。此时，左腿伸直站立，右腿随之在身前屈膝提起，屈肘，左手剑指附于右手腕处。

（2）接着，以左脚前脚掌碾地，上身右转，右手持剑使剑向下插，左手剑指仍附于右手腕处；目视剑尖。

（3）上动不停。仍以左脚前脚掌为轴碾地，右脚向身后跨一大步，屈膝，上身从右向后转；左腿再蹬直，脚尖内扣，成右弓步；同时，右手持剑向前直刺，剑尖与肩同高，拇指一侧在上，左手剑指随之向后平伸，拇指一侧在上；目视剑尖（图12）。

要点：挂剑、下插、直刺三个分解动作必须连贯，它们与跨步、提膝、转身、弓步的动作要协调一致。弓步直刺后，两脚全脚掌均着地，上身稍向前倾，挺胸，塌腰。

8. 虚步架剑

（1）右手持剑，先将剑尖由左向右搅一小圈，臂内旋使持剑手的拇指一侧朝下；同时，以右脚脚跟和左脚前脚掌为轴碾地，右脚尖外撇，上身从右向后转，左脚向前收拢半步，两膝均略屈成交叉步。在转身的同时，右手持剑反手向后上方屈肘上架，左手剑指经左肩前附于右手腕处；目向左平视。

图12

（2）右腿屈膝不动，左脚向前进一步，膝稍屈，前脚掌虚着地面，重心落于右腿，成左虚步。在右手持剑略向后牵引的同时，左手剑指向前平伸指出，手心向下；目视剑指（图13）。

要点：虚步必须虚实分明，右肘略屈使剑身成立剑架于额前上方，左臂伸直，剑指稍高过肩。

图13

第二段

1. 虚步平劈

左脚脚跟外展，上身右转，重心移于左腿，右脚跟随之离地，成为前脚掌虚着地面的右虚步。在转身的同时，右手持剑向下平劈，拇指一侧在上，左手剑指即向上屈肘，手心向左上方；目视剑尖（图14）。

要点：虚步必须虚实分明，劈剑时手腕要挺直。

图14

2. 弓步下劈

右脚踏实，身体重心前移，左手剑指伸向右腋下，右手持剑臂内旋使手心向下；左脚随即向左前方上步，屈膝，右腿在后蹬直，脚尖内扣，成左弓步。在左脚上步的同时，右手持剑屈腕向左平绕，画一小圈后向前下方劈剑，剑尖高与膝平，左手剑指随之由右腋下面向左、向上绕环，在头顶上方屈肘侧举，上身略前俯；目视剑尖（图15）。

图15

要点：劈剑时，右肩前顺，左肩后引，剑尖与手、肩成一条直线。

3. 带剑前点

（1）右脚向左脚靠拢，以前脚掌虚着地面，两腿均屈膝略蹲；右手持剑向上屈腕，使剑向右耳际带回，肘微屈，左手剑指随之由前下落，附于右手腕处；目视右前方（图16）。

（2）上动不停，右脚向右前方跃一步，落地后即屈膝半蹲，全脚着地；左脚随之跟进，向右脚并步屈膝，以脚尖点地成丁步；同时，右手持剑向前点击，拇指一侧在上，左手剑指即屈肘向头顶上方侧举，手心向上；目视剑尖（图17）。

要点：向前点击时，右臂前伸、屈腕，力点在剑尖，手腕稍高于肩，剑尖略比手低。成丁步后，右大腿尽量蹲平，左脚背绷直，脚尖点在右脚弓处，两腿必须并拢。上身稍前倾，挺胸，直背，塌腰。

图16

图17

4. 提膝下截

（1）右腿伸直，左腿退步后屈膝，上身后仰；右臂外旋，手心向上，使剑向右、向后上方弧形环绕；左手剑指不动。

（2）上动不停。右臂内旋使手心向下，继续使剑向左、向前下方画弧下截，同时上身向前探倾，左腿屈膝提起；目视剑尖（图18）。

要点：剑从右向左的圆形半弧下截是一个完整动作，必须连贯起来做。左膝尽量高提，脚背绷直；右腿膝部挺直，站立要稳。右臂和剑身成一直线，剑身斜平。

5. 提膝直刺

（1）右腿略屈膝，左脚向前落步，脚尖外撇；右臂外旋使手心向上，并在左脚落步的同时向上屈肘，将剑柄收抱于胸前，手心向内，剑尖高与肩平；左手剑指随之下落，屈肘按于剑柄上。此时，两腿成交叉步；目视剑尖。

（2）右腿向身前屈膝提起，左腿伸直站立；右手持剑向前平直刺出，拇指一侧在上，同时，左手剑指向后平伸指出，手心向下；目视剑尖（图19）。

要点：抱剑与落步，直刺与提膝，必须协调一致。

6. 回身平崩

（1）右脚向前落步，脚尖外撇，左脚前脚掌碾地使脚跟外转，屈膝略蹲；同时，上身向右后转，成交叉步；右手持剑臂外旋使手心向上，屈肘向胸前收回，剑身与右前臂成水平直线，左手剑指随之直臂上举，经左耳侧屈肘前落，附于右手心上面；目视剑尖。

（2）上身稍向右转，左腿提膝伸直，右腿略屈膝；同时，右手持剑使剑的前端用力向右平崩，手心仍向上，左手剑指屈肘向额部左上方侧举；目视剑尖（图20）。

图18

图19

图20

要点：收剑和平崩两个动作必须连贯起来做。平崩时，用力点在剑的前端；平崩后，上身向右拧转，但左脚不得移动。

7. 歇步下劈

右脚蹬地起跳，左脚向左跃步横跨一步，落地后，右腿即向左腿后侧插步，继而两腿屈膝全蹲，成歇步。在跃步的同时，右手持剑向上举起，并在形成歇步时向左下劈，拇指一侧在上，剑尖与踝关节同高，左手剑指随着下劈动作，下按于右手腕上面；目视剑身（图21）。

要点：成歇步时，左大腿盖压在右大腿上面，左脚全脚掌着地，右脚脚跟离地，臀部坐在右小腿上。劈剑时，右臂尽量向前下方伸直，剑身与地面平行。劈剑与跃步成歇步动作须同时完成。

图21

8. 提膝下点

（1）右手持剑，先使手心朝下成平剑，然后以两脚的前脚掌碾地，上身经右向后转动，两腿边转边站立起来，右手持剑平绕一周。当剑绕至上身后侧时，上身稍向左后仰，同时剑身继续向外，向上弧形绕环，剑尖接近右耳侧。此时，左手剑指离开右手腕向上屈肘侧举；目视前下方。

（2）上动不停，右腿伸直站立，左腿屈膝提起，上身向右侧下探俯，同时，右手持剑向前下点击，拇指一侧在上；目视剑尖（图22）。

图22

要点：仰身外绕剑与提膝下点两个动作必须连贯，同时完成。右腿独立时，膝部要挺直，左膝尽量上提。点剑时，右手腕要下屈，剑身、右臂、左臂和剑指要在同一个垂直面内。

第三段

1. 并步直刺

（1）以右脚前脚掌为轴碾地，使上体向左后转；在转身的同时，右臂内旋并向拇指一侧屈腕，使剑尖指向转身后的身前，左手剑指随之由上经右肩前、腹前绕环，向正前方指出，手心向下；目视剑指。

（2）左脚向前落步，右脚随之跟进并步，两腿均屈膝半蹲；同时，右手持剑向前平伸直刺，拇指一侧在上，左手剑指顺势附于右手腕处；目视剑尖（图23）。

图23

要点：两腿半蹲时，大腿要蹲平，两膝、两脚均须紧靠并拢；上体前倾，直背、落臀；两臂伸直，剑尖与肩相平。

2. 弓步上挑

右脚上步屈膝，同时，左脚脚跟稍内转，左腿挺膝伸直，成右弓步；右手持剑直臂向上挑举，剑尖向上，手心向左，左手剑指仍向前平伸指出，手心向下，上体稍微前倾；目视剑指（图24）。

图24

要点：左臂伸直，左肩前倾，剑指略高过肩；右臂直上举，剑刃朝向前后；上身挺胸、直背、塌腰。

3. 歇步下劈

右腿伸直，左脚向前上步，脚尖外撇，随之两腿交叉屈膝全蹲成歇步；同时，右手持剑向前下劈，拇指一侧在上，剑尖与踝关节同高，左手剑指屈肘附于右手腕内侧，上体稍前俯；目视剑身（图25）。

图25

要点：与第二段“歇步下劈”相同。

4. 右截腕

两脚以前脚掌碾地，并且两腿稍伸直立起，使上体右转，右腿屈膝半蹲，左腿稍屈膝，左脚前脚掌虚着地面，成左虚步；右臂内旋使拇指一侧向下，用剑的前端下刃向前上方画弧翻转，随着上身起立成虚步，右手持剑再向右后上方托起，左手剑指仍附于右手腕，两肘均微屈；目视剑的前端（图26）。

图26

要点：两腿虚实分明，上身稍向前倾，剑身平横于右额前上方，剑尖稍高于剑柄。

5. 左截腕

左脚向前上半步，并以前脚掌碾地使上身向左后转，右脚随之向前上一步，前脚掌着地，两腿均屈膝，成左实右虚的右虚步；在右脚上步的同时，右臂外旋，使剑身的前端向左前上方画弧翻转，手心向上，剑身与地面平行，左手剑指随之离开右手腕，屈肘向上侧举；目视剑的前端（图27）。

图27

要点：同“右截腕”。

6. 跃步上挑

（1）左脚经体前上一步，右脚随之在身后离地，小腿后弯；右臂外旋，手心向内，使剑由右向上、向左屈肘画弧；剑至上体左侧时，右手靠近胯旁，拇指一侧在上并向上屈腕，左手剑指在右手向下落时附于右手腕上；目视剑尖。

图28

（2）左脚蹬地，右脚向右侧跃步，落地后屈膝略蹲，左脚随之离地屈膝从身后伸向右侧方，形成望月式平衡，上体向左侧倾斜；在右脚跃步的同时，右手持剑由左胯旁向下、向右画弧；当剑到达右侧方时，臂外旋并向拇指一侧屈腕，使剑向上挑击，左手剑指即向右上方屈肘横举，拇指一侧在下；目视右侧方（图28）。

要点：跃步和上挑动作必须协调一致，迅速进行；挑剑时，腕部要猛然用力上屈；形成平衡动作后，右腿略屈膝站稳，左小腿尽量向上抬起；上体向右拧转，剑身斜举于右侧上方，持剑略松，便于手腕上屈。

7. 仆步下压

（1）右手持剑使剑尖从头上经过，继而向身后、向右手弧形平绕，当剑绕到右侧时，即屈肘将剑柄收抱于胸前下方，手心向上；同时，右膝伸直，上体立起，左腿屈膝提于身前，左手剑指仍横举于左额前上方（图29）。

（2）上动不停。左手剑指经身前下落，按在右手腕上；左脚随之向左侧落步，屈膝全蹲，右腿在右侧平仆伸直，脚尖内扣，成右虚步；同时，右手持剑用剑身平面向下带压，剑尖斜向右上方，上体前探；目视右方。

要点：做仆步时，左腿要全蹲，臀部紧靠脚跟，不要凸起，两脚全脚掌着地。上体前探时要挺胸，两肘略屈环抱于胸前。

8. 提膝直刺

两腿直立站起，左腿屈膝提于体前，右腿挺直站立；同时，右手持剑向身前平伸直刺，拇指一侧在上，左手剑指屈肘在左侧上举，拇指一侧在下；目视剑尖（图30）。

要点：右脚独立须挺膝站稳，左膝尽量上提，脚背绷直，脚尖下垂；上体稍右倾，右肩、右臂和剑身要成一条直线，左臂屈成半圆形。

图29

图30

第四段

1. 弓步平劈

右臂外旋，先使手心朝向背后，剑的下刃转翻向上，继而上身左转；同时，左脚向左后侧落一大步、屈膝，右脚以前脚掌为轴碾地，脚跟稍外转，右腿挺膝伸直成左弓步；左手剑指随着持剑臂的运行向右下、向下、向左、向上圆形绕环，仍屈肘举于头部左侧方，右手持剑向体前平劈，拇指一侧在上，臂要伸直，剑尖略高于肩；目视剑尖（图31）。

要点：弓步平劈动作要快，臂要伸直。

图31

2. 回身后撩

右脚向前上一步，膝微屈，左脚随之离地，小腿向上弯曲；上体前俯，腰向右拧，右手持剑随右脚上步而向后反撩，剑尖斜向下，拇指一侧在下，左手剑指前伸成侧上举，拇指一侧在下；目视剑尖（图32）。

要点：右脚站立要稳，左脚脚背绷直，上身挺胸，两肩放松。

图32

3. 歇步上崩

（1）右脚蹬地，左脚向前跃步，上体随之向右后转，左脚落地，脚尖稍外撇，右腿摆向身后；在上体转动的同时，右臂外旋，使拇指一侧朝上，左手剑指在身后平伸，手心朝下；目视剑尖。

（2）上动不停。右脚在身后落步，两腿屈膝全蹲，左大腿盖压在右大腿上，臀部坐在右小腿上，成歇步；同时，右手持剑直臂下压，手腕向拇指一侧上屈，使剑尖上崩，左手剑指随之屈肘在头部左上方侧举，拇指一侧在下；目视剑身（图33）。

图33

要点：向前跃步、歇步和剑尖上崩三个动作要连贯协调；跃步要远，落地要轻；上崩时腕部要猛然用力上屈，剑尖高与眉平；歇步时上身前俯，胸须内含。

4. 弓步斜削

（1）左脚尖内扣，上体右转，右脚随之向前上步、屈膝，左腿在体后挺膝伸直成右弓步；右手持剑，臂外旋使手心向上，在转身的同时，屈肘向左肋前收回，左手剑指随之从身前下落，按在剑柄上，上身向右前倾；目视前方。

（2）上动不停。右手持剑由后向前上方斜面弧形上削，手心斜向上方，手腕向掌心一侧弯曲；同时，左手剑指伸向后方，拇指一侧在上；目视剑指（图34）。

要点：斜削时，右臂稍低于肩，剑尖斜向脸前右上方，略高于头；左臂在体后侧平举，剑指指尖略高于肩。

图34

5. 进步左撩

（1）右腿伸直，上体向左转，右腿稍屈膝；同时，右手持剑使手心向内经面前边转身边左画弧，剑至体前时，左手剑指附于右手腕内侧；目视剑尖。

（2）以右脚跟为轴碾地，脚尖外撇，上身向右后转，左脚随之向前上步，以前脚掌虚着地面；同时，右手持剑反手向下、向前、向上继续画弧撩起，剑至前上方时，肘部略屈，拇指一侧在下，剑尖高与肩平，左手剑指随右手动作，仍附于右手腕上；目视剑尖（图35）。

图35

要点：上述两个剑身的画弧动作必须连贯成一个完整的绕环动作；撩剑后，右腿微屈，左腿伸直，身体重心落于右腿，剑尖稍微朝下。

6. 进步右撩

（1）右手持剑直臂向上、向右后方画弧，左手剑指随势收于右肩前，手心向左；目视剑尖。

（2）右脚踏实后以脚跟为轴碾地，脚尖外撇，右脚随之向左脚前上一步，前脚掌虚着地面；同时，右手持剑由右向下、向前画弧抡臂撩起，剑至前方时，肘微屈，手心向上，剑尖高与头平，左手剑指随之由右肩前向下、向前、向后上方绕环，屈肘侧举于头部左上方；目视剑尖（图36）。

要点：同“进步左撩”，唯左右方向相反。

图36

7. 坐盘反撩

右脚踏实后向前上一小步，随即左脚从右腿后向右侧插一步，两腿屈膝下坐，成坐盘式；在左脚插步的同时，右手持剑向上、向左、向下再向右上方反手绕环斜上撩，剑尖高过头顶，左手剑指随之经体前向下、向后上方画弧，屈肘横举于左耳侧，拇指一侧在下，上体向左前倾俯；目视剑尖（图37）。

图37

要点：坐盘必须与反撩剑动作协调进行。坐盘时，左腿盘坐地面，左脚背外侧着地；右腿盘落于左腿上，全脚掌着地，脚尖朝身前；上身倾俯时，胸要内含，剑尖与右臂、左肘、左肩成一直线。

8. 转身云剑

（1）右脚蹬地，两腿伸直站起，并以两脚的脚掌碾地，使上身向左后转；转体之后，右腿屈膝略蹲，右脚踏实，左膝略屈，前脚掌虚着地面，身体重心落于右腿；同时，右手持剑随身体转动一周后屈肘使剑平举，拇指一侧在下。此时，左手剑指附于右手腕处；目视剑尖。

（2）上动不停。上体后仰，右手持剑向左、向后、向前圆形云绕一周；剑至身前时，左手心向上，准备接握右手之剑。此时，重心前移，左脚踏实，右腿伸直，上身前倾；目视左手（图38）。

图38

要点：转身和云剑动作必须连贯，云剑要平、要快，腕关节放松使之灵活。

还原式

1. 虚步亮剑

右手将剑柄交于左手后即握成剑指，左手接剑后反握住剑柄向身体左侧下垂；此时，右脚向右前上步，脚尖内扣，屈膝略蹲，上体随之左转，左脚随之向前移步，以前脚掌虚着地面，膝微屈；在上体左转的同时，右手剑指随之由身后向上屈肘侧举于头部右上方，手心向上；目视左方（图39）。

要点：重心落于右腿，上身前倾，挺胸，塌腰，两肩松沉，左肘略上提，剑身紧贴前臂后侧，并与地面垂直。

2. 还原成预备式

左腿伸直，右脚向左靠拢，并步站立；右手剑指下落于身体右侧，手心朝下，恢复成预备式；目视前方（图40）。

要点：同“预备式”。

图39

图40

第五节　初级枪术

初级枪术是长器械中的一种，以拦、拿、扎、崩、点、穿、挑、云、劈等枪法，配合各种步型、步法、跳跃构成套路。其运动特点是力贯枪尖、走势开展、上下翻飞、变化莫测。

预备式

（1）两脚并步站立；右手握枪杆垂于身体右侧，左手五指并拢垂于身体左侧；目向左平视（图1）。

（2）右手握枪向上直举，左手在右手上面握住枪杆，随后右手稍向下移；目仍向左平视（图2）。

（3）左脚向前上半步，前脚掌虚着地面成左虚步；同时，右肘微屈，臂前伸，手移握于枪把部位，高与肩平，左臂向左后下伸，使枪尖由上面向左后方下摆，与膝同高，左手则移握于枪杆的上部，肩伸展；目向左平视（图3）。

（4）左脚向左侧跨一步，脚尖向左，两腿屈膝半蹲成半马步；同时，右手握住枪收于右腰侧，左手握枪杆摆至身体左侧，使枪尖由左后画弧摆至身体的左侧，枪身平放，贴靠腹部；目视枪尖。

（5）右腿挺膝蹬直，上体随即左转成左弓步；同时，两手握枪向前平扎；目视枪尖（图4）。

要点：右手松握枪杆中段，枪身须直立，胸、腰和颈部要自然挺直；向左后抡枪时，上体要及时向右扭转，抡枪、转腰和上步动作要协调一致。扎枪时要求平直有力，右手要猛力向前推送，同时右脚蹬地、转腰，使力量达于枪尖，左手保持原高度不变。

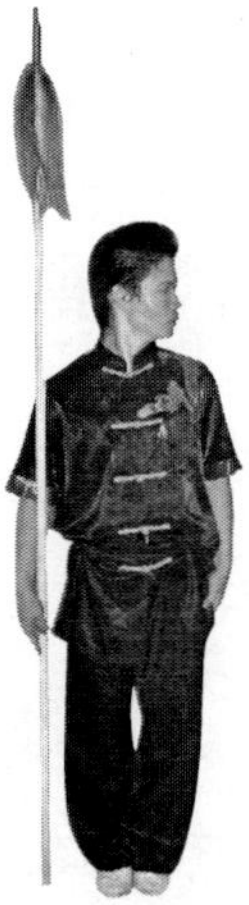

图1

图2

图3

图4

第一段

1. 插步拦、拿中平扎枪

（1）上体右转恢复成半马步；同时，右手握住枪把撤至右腰侧，左手则向前移握于枪杆中段；目视枪尖。

（2）右脚从身后向左插步；同时，右手握住枪把，右前臂向上翻起，高与肩平，左臂稍外旋，使枪尖向后下方画半立圆，又称“拦枪”（图5）。

（3）上动不停，左脚向身体左侧横跨一步，成半马步；同时，右手握枪把由上向前下方画半个立圆，停于右腰侧，左手则微向前合，臂稍内旋，使枪尖由下向前上方画圆，又称“拿枪”。

（4）上动不停，右腿挺膝蹬直，上体随即左转，成左弓步；同时，两手握枪向前平扎；目视枪尖（图6）。

要点：撤枪时，右手要向后平拉，不要摆动；拦枪时，右手画圆不要太大，离身不得过远，动作要快；插步和拦枪须协调一致，拦、拿枪动作要尽量配合上腰劲，使其圆活有力。

图5

图6

2. 跳步拦、拿中平扎枪

（1）上体右转恢复成马步；同时，右手握住枪把撤至右腰侧，左手则向前移握于枪杆中段；目视枪尖。

（2）右脚经左脚前向身体左侧提迈，左脚准备蹬地跳起；此时，两手握枪做拦枪动作（图7）。

（3）左脚蹬地跳起，右脚先落地，左脚随后在身体左侧落地成半马步；同时，两手握枪做拿枪动作。

（4）上动不停，右腿挺膝蹬直，上体随即左转成左弓步；同时，两手握枪做扎枪动作（图8）。

要点：跳步与拦枪、跨步与拿枪动作必须要配合协调。

图7

图8

3. 绕上步拦、拿中平扎枪

（1）上体右转恢复成半马步；同时，两手握枪撤回；目视枪尖。

（2）右脚向左脚前面上一步；同时，两手做拦枪动作（图9）。

（3）左脚继续向前上一步；同时，两手做拿枪动作（图10）。

（4）右脚绕过左侧向左脚前方弧形上步，上体随即左转；同时，两手握枪向前平扎（图11）。

要点：右脚上步要迅速，拦、扎动作配合协调。

图9

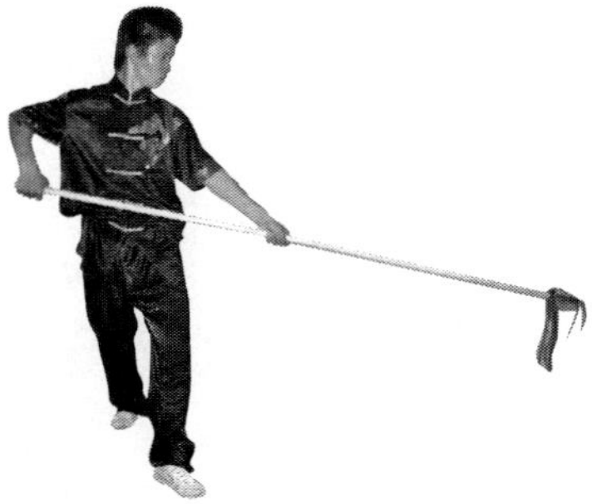

图10

图11

4. 插步拦、拿中平扎枪

（1）上体稍右转；同时，两手握枪撤回；目视前方。

（2）左脚向前上一步，随即右脚向左腿后插一步；同时，上体右转，两手做拦枪动作（图12）。

（3）左脚向身体左侧横跨一步，成半马步；同时两手做拿枪动作。

（4）上动不停，右腿挺膝蹬直，上体随即左转，成左弓步；同时，两手握枪向前扎；目视枪尖（图13）。

要点：左脚上步和右脚插步要迅速、轻灵，并且要与拦枪动作配合协调。

图12

图13

第二段

1. 转身弓步中平枪

（1）身体重心移于右腿上，随即左腿屈膝提起，上体向左后转约180°；同时，右手握住枪把向身体右上方提起，左手顺着枪杆滑握于中部稍靠上，两臂伸直，枪尖指向身体的左后下方；目视枪尖（图14）。

（2）左脚顺势在身体左侧落步，屈膝半蹲，右腿随即挺膝蹬直，成左弓步；同时，右手握枪把从上向下弧形翻转，手心向内，左手握枪杆由左下向上弧形摆起，并且臂内旋，使枪尖画一立圆，再利用右手推送和转腰的力量向前平扎枪；目视枪尖（图15）。

要点：提膝转身动作要求平稳，枪杆力求贴近身体。

图14

图15

2. 上步弓步推抢

（1）身体重心后移，上体右转，成半马步；同时，两手握抢撤回；目视枪尖。

（2）右脚向身体左前方上一步，左脚再上一步；同时，两手握枪使枪尖向上、向后、向下再向前画一立圆；目视枪尖。

（3）右脚继续向左前方上一步，屈膝半蹲，左腿挺膝蹬直，成右弓步；同时，两手握抢向前下方推出，右手握抢把停于头部右侧，高与头平，左臂向身体左前方伸直，手心向上，枪尖斜向上；目视枪尖（图16）。

要点：此连续动作要求上步和绕枪协调一致；做此动作时，左手应虚握枪杆，这样有利于枪绕圈时活动自如。

图16

3. 仆步低平枪

左脚向左前侧上一步，继而右腿屈膝全蹲，成左仆步；同时，两手握枪略后撤，再沿着左腿内侧向仆腿方向水平直刺；目视枪尖（图17）。

要点：右腿尽量下蹲，左腿伸直平仆，上体略向左前侧倾俯。

图17

4. 提膝抱枪

（1）身体起立微向左转，右脚向前上一步；左手下滑握住枪杆的下段，右手随即换握于枪杆的中段，枪尖向上（图18）。

（2）左脚向前上一步，枪尖由上向后摆动。

（3）右腿屈膝提起，左腿伸直独立站稳；两手握枪使枪尖由后向下、向前挑起，收枪拖抱于身体左侧，枪尖指向前上方。此时，两肘略屈，右手与肩同高，左手停于左胯旁；目视枪尖（图19）。

要点：上步的速度要均匀，枪尖画圆要靠近身体；抱枪时，右手应松握枪，左手须紧握。

图18

图19

5. 提膝架枪

（1）右脚向前落步，身体左转；同时，左手上滑移握于枪杆的中部，右手下滑换握于枪杆的下段，枪尖随转体指向后上方；目视枪尖。

（2）左脚向前上步，身体随即右转；同时，枪杆上段继续向下、向前画圆，使枪尖指向前下方。

（3）左腿屈膝提起，右腿独立；同时，左手握枪平伸前推，手心向上，右手握枪滑握于枪把，臂向头后上方举，枪尖仍指向前下方，高与膝平；目视枪尖（图20）。

要点：独立势要稳。

6. 弓步拿、扎枪

（1）左脚向前落步，上体稍右转，成半马步；同时，右手由上向下翻转画圆，做拿枪动作。

（2）上动下停，右腿挺膝蹬直，上体左转，成左弓步；同时，两手握枪向前平扎（图21）。

要点：落步和拿枪动作要协调一致。

图20

图21

7. 马步盖把枪

（1）上体右转成半马步；同时，两手握枪撤回；目视枪尖。

（2）身体重心稍后移，两手顺着枪杆上滑，使枪杆后移，枪尖斜向前上方，高与鼻平。

（3）右脚向前上一步，上体随即向左后转，两腿半蹲成马步；使枪把从后下向上、向前、向体右侧劈盖，高与肩平；此时，右臂向右后平伸，手心向下，左手屈抱于胸前，枪身略平；目视枪把（图22）。

要点：枪后移时，右手先向后带，随即两手前滑；劈把时应以右手用力为主，同时配合身体下蹲的下压力。

图22

8. 舞花拿、扎枪

（1）身体右转，右脚略向后撤，成高虚步；同时，左手握枪随转体动作向上、向前下压，右手握枪经腹前向左腋下绕行，使枪尖由左向上、向前抡圆，枪把则沿着左腿外侧向下、向后抡圆（图23）。

（2）上动不停，左手继续下压，并向右肩外侧下摆，右手则伸向身体左侧，两臂在胸前交叉；同时，上体右转，使枪尖由前面沿着右腿外侧向后摆去；目视枪尖。

（3）左脚向右脚前方上一步；同时，右手握枪向下、向后摆去，停于右腹侧，左手则向上、向前抡摆，使枪尖由后向上、向前绕行，与枪身成水平。

（4）右脚向左脚后插一步，身体随即从右向后转约180°；同时，两手握枪随着转体动作向下、向转体后的身体左侧推出。此时，右手移握于把端，置于头部上方，左臂水平伸直，枪尖斜向左下方；目视枪尖。

（5）左脚向左侧进半步，随即右腿挺膝蹬直，上体左转成左弓步；同时，两手做拿枪动作，继而向前平扎（图24）。

要点：舞花枪时，两手应虚握枪杆，以便两臂成十字交叉，枪杆须抡圆，并且贴身；插右步和向右后转体动作必须同时进行，连贯协调。

图23

图24

第三段

1. 上步劈、扎枪

（1）身体重心后移，上体右转成半马步；同时，两手握枪撤回；目视枪尖。

（2）上体略向左转，右脚提起向前平蹬，脚尖朝向身体右侧；同时，左手握枪稍微上提，使枪尖向前上方挑起，高过头顶（图25）。

（3）右脚向前落步，脚尖外撇，两腿半蹲成交叉；同时，右手下压，使枪尖由上向前下劈，高与腰平。

（4）左脚向身体右侧上一步，右脚挺膝蹬直，上体左转，成左弓步；同时向前扎枪（图26）。

要点：蹬脚与挑枪、落步与劈枪动作要协调；劈枪时，左手下压要与右手略上提起配合协调，枪须直向下劈。

图25

图26

2. 挑把转身拿、扎枪

（1）身体重心后移，上体右转，成半马步；同时，两手握枪撤回；目视枪尖。

（2）上体向左后转，同时，右脚向前上一步，两手松握枪杆使枪后缩，继而随上步动作使枪沿着右腿外侧向上挑起；右臂前伸，高与肩平，手心向下，左臂屈肘于左腰侧，手心向下；目视枪把（图27）。

（3）枪把继续上挑，右脚尖内扣，左腿屈膝提起，上体随即向左后转180°，使枪尖沿着左腿外侧向转体后的右下方绕行；目视枪尖（图28）。

（4）左腿向身体左侧落步，右腿挺膝蹬直，上体随即左转，成左弓步；同时，两手握枪做拿枪动作，继而向前平扎（图29）。

要点：转身和枪尖绕行是一个连续的动作，不要停顿；挑把转体后，右手即移握于枪把。

图27

图28

图29

3. 横裆步劈枪

（1）身体重心后移，上体右转，成半马步；同时，两手握枪撤回；目视枪尖。

（2）右脚向左脚后撤退一步；同时，两手握枪使枪尖向前下方绕行；紧接着，左脚向后退一步，右腿前弓，左腿伸直，成左横裆步；同时，两手握枪使枪尖继续由下向身后、向上、向前下劈，枪尖指向左前下方，高与膝平，左臂前伸，手心向下，右手停于右肋侧；目视枪尖（图30）。

要点：劈枪与横裆步要协调一致。

图30

4. 虚步下扎枪

（1）左脚向前上一步；同时，两手握枪使枪尖由下向身前、向上绕行。

（2）右脚从左脚内侧绕过向前上一步；两手握枪使枪尖由上向后、向下绕行；目视枪尖。

（3）左脚继续向前上步，脚尖点地，成高虚步；同时，两手握枪向前上方扎出；目视枪尖（图31）。

要点：枪尖绕圈时速度要均匀，用力不要过大；下扎枪时上体要伸展。

图31

5. 歇步拿枪

（1）上体左转；同时，右手握枪把从上向右、向下画半圆至腹前；左臂相应内旋、前伸，手高与胸平，虎口向上，使枪尖由下向左上方绕行。

（2）上动不停，两腿下蹲成歇步；同时，两手握枪做拿枪动作，左臂向前平伸，右臂屈握枪于腹前，手心向上，枪身平放；目视枪尖（图32）。

要点：枪向上画圆时不要用力，下蹲与拿枪动作须协调一致。

图32

6. 马步单平枪

两腿起立，右脚向前一步，随即身体左转，两腿下蹲成马步；同时，左手撤把向左平伸立掌，右手握枪把使枪向右平扎；目视枪尖（图33）。

要点：上步和扎枪须同时进行，枪身要平，右手心转向前。

图33

7. 插步拦、拿中平扎枪

（1）右脚尖外撇，左脚尖内扣，上体向右后转；同时，右手握枪把至右腰侧，左手随即向下经左腰侧前伸，握住枪杆中段。

（2）左脚向身体左侧跨一步，继而右脚向左倒插一步；同时，两手握枪做拦枪动作（图34）。

（3）左脚向身体左侧跨一步，两腿屈膝半蹲成半马步；同时，两手握枪做拿枪动作。

（4）上动不停，右腿挺膝蹬直，上体随即左转，成左弓步；同时，两手握枪向前平扎；目视枪尖（图35）。

要点：同第一段“插步拦、拿中平扎枪”。

图34

图35

8. 弓步拉枪

左脚尖内扣，左腿蹬直，重心后移，上体右转，右腿屈膝半蹲，成右弓步；同时，右手握住枪把随转体动作拉向右肩前，左臂稍稍内旋、下压，使枪尖向后下方绕行，高与踝关节平；目视枪尖（图36）。

要点：转体时，身体须保持原来高度，转体与拉枪动作要协调。

图36

第四段

1. 转身中平枪

（1）左脚向身体右侧跨一步，屈膝，右腿蹬直，上体和持枪姿势同前。

（2）右脚移至左脚内侧，上体和持枪姿势不变（图37）。

（3）以左脚为轴，身体向左后转，右脚随即向身前上一步，成右弓步；同时，左手前伸，高与腰齐，右手握枪把由右肩前向下、向腹前肚脐处绕行，使枪尖由下向身后、向上画圆；目视枪尖（图38）。

（4）上动不停，两手握枪向前平扎。

要点：上步和转体动作要稳定，右脚在离地绕步时不要提得太高。

图37

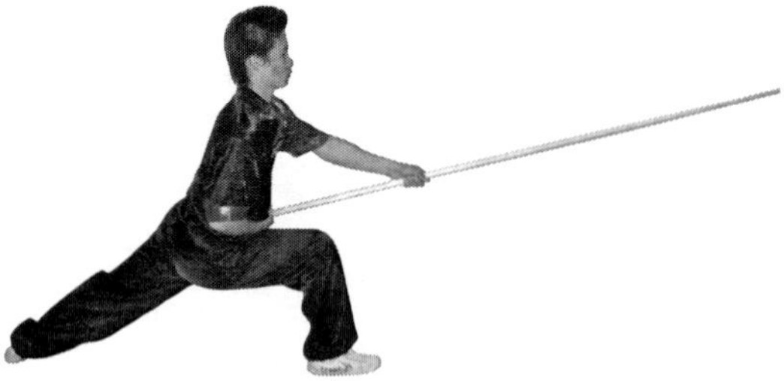

图38

2. 转身拉枪

身体突然左转，左腿提膝，右脚独立；同时，右手握枪把猛向上提拉，置于右胸前，左手滑握于枪杆中段，随着转体动作，使枪尖由右前侧向身体左下侧绕行，与踝关节同高；目视枪尖（图39）。

要点：拉枪与转体要协调一致。枪尖斜向下，但不可触地。

图39

3. 插步拨枪

（1）左脚向左侧落地成横裆步；同时，左手向前下方推送并稍向右手附近滑握；右手随即向左下推枪把，使枪尖向前下方拨动。

（2）右脚经左腿后向左插步；左手握枪高度不变，右手握枪把拉向右肋前，使枪尖向后下方拨动；目视枪尖（图40）。

要点：前拨枪和落步、后拨枪和插步都要协调一致，同时，这两组动作要连贯，中间不要停顿；整个动作过程，身体保持原高度不变。

图40

4. 并步下扎枪

（1）左脚向左横跨一步，同时两手握枪使枪尖由下向前上方画弧挑起，枪尖高与头平。

（2）右脚向左脚靠拢，两腿伸直成并步站立；同时，两手握枪时枪尖继续由上向左前下方画弧扎出；左手前伸，高与肩平，手心向前上方；目视枪尖（图41）。

要点：枪尖画弧时不要高过头顶；向下扎枪后，枪杆在身体的左前侧，枪身斜举，枪尖与脚背同高。

图41

5. 跳步中平枪

（1）左脚蹬地，右脚向前一步，左脚稍离地靠近右脚；同时，右手握住枪把向下翻转，随后撤至右腰侧，做一拿枪动作，右手前伸滑握枪杆中段。

（2）左脚向前落步，屈膝，右腿挺膝伸直，成左弓步；同时，两手握枪向前平扎；目视枪尖（图42）。

图42

要点：跳步不要过高，动作须轻巧灵活，并应与拿枪动作协调一致。

6. 拗步盖把枪

（1）身体重心后移，上体稍向右转，左脚稍向后撤；同时，手握枪杆后缩，左臂平屈胸前，右手撤至右胯侧，枪尖斜向前上方，高与头平。

（2）上体左转，身体重心前移；同时，右手由后向上、向前绕行，手心向下，使枪把由后向上、向前盖臂，高与头平，右手收至腋下；目视枪把（图43）。

要点：枪杆后缩时，两手要松握并前移，盖把时右手要用力下压。

图43

7. 仆步劈枪、弓步中平枪

（1）右手继续向下、向身体左侧摆去，使枪把由前经右下侧向后上方绕行，画一个立圆，枪尖指向右后上方；在枪把画圆时，右脚向前提起，右手移握于枪把，左手要稍下移，握于枪杆中段；目视枪尖。

（2）左脚用力蹬地跳起，右脚先向前落地，脚尖外撇；同时，两手握枪使枪尖向上、向前画弧，右手前伸，略高于腰，右手收至右肋旁。

（3）右腿全蹲，右脚向前落步，腿伸直平仆成左仆步；同时，左手用力使枪杆上段下劈，左臂前伸，右手仍在右肋旁，上体向左前侧倾俯，枪杆与踝关节齐平（图44）。

图44

（4）重心前移，成左弓步；同时，两手握枪向前平扎；目视枪尖。

要点：枪把画圆（简称拨把）时要以右手用力为主；枪下劈时，右手要向后拉带。

8. 转身弓步中平枪

（1）身体重心稍向后移，两手握枪使枪杆后缩。

（2）右脚向前上一步，屈膝前弓；同时，右手握枪使枪把由后向下、向前上挑起，枪把与头同高，左手停于左胯旁；目视枪把（图45）。

（3）上体向左后转，左膝随即提起，成右独立势；同时，右手移握于枪把，上举于头部上方，左手也稍向枪把处滑握，枪尖高与左脚背平（图46）。

（4）左脚向左侧落步，屈膝前弓，上体左转；同时，两手握枪做一拿枪动作后向前平扎；目视枪尖（图47）。

要点：挑枪时，枪把须贴近右腿外侧。

图45

图46

图47

还原式

（1）上体右转，重心后移，成半马步；同时，右手握住枪把撤至右腰侧，左手则移握于枪杆中段；目视枪尖。

（2）两腿直立，左手握枪杆向后上摆，使枪尖指向左后上方，上体随即稍向左转。

（3）上体继续左转，右手向胸前摆起；左手则继续向后下落，使枪尖从左后上方向下弧形绕行；同时，左脚向身前移半步，成高虚步持枪姿势（图48）。

（4）右手继续向上、向右拉开，左手左摆，枪杆斜横于身前，枪尖指向左下方；目向左平视。

（5）右手向身体右下侧落，左手向左前上方托起，使枪尖由左向左前、向右上方绕行；同时，左脚撤回，与右脚并步站立；当枪杆到达垂直部位时，右手稍上滑，握枪杆中下段，左手撤把下垂于身体左侧；目视前方（图49）。

要点：枪尖由左下向上摆至垂直位置，必须画一个斜立圆；在枪杆摆动过程中，左手始终要松握，使其滑动自如。

图48

图49

思考、作业题

（1）简述长拳的技术特点。

（2）简述长拳教学的步骤和教学应注意的问题。

（3）简述棍术、刀术的运动特点及实用价值。

（4）简述棍术、刀术在教学中应注意的问题。

第十二章　攻防技法

【内容提要】散打、太极推手是中国武术的重要组成部分，是灵活运用武术中的踢、打、摔、拿等攻防招法，在规则限定下通过比赛判定胜负的实用攻防技术。本章从实用易学的角度选择介绍散打、太极推手和防身术中的部分内容，供学生学习。

【学习目标】通过攻防技术的学习和练习，使学生掌握散打、太极推手的基本方法和典型攻防技术，发展素质，培养防身自卫能力。同时，培养勇敢顽强、敢于拼搏的意志品质，为学校武术教学奠定基础。

第一节　散打运动

散打运动是攻防格斗实际的技术动作表现，它也是对抗性的格斗运动之一。实战性的攻防格斗包括徒手的和器械的两种。徒手的有散打，即平时所说的打擂台，还有推手，就是太极拳的推手；器械的同样有短兵和长兵，由于篇幅的限制，这里仅向大家讲一讲散打运动。

散手运动是在一定的条件下形成的，有一定竞赛规则的，进行攻防的实战性演练，就是说比原来套路的对练又提高了一步，属于实战性的演练。散打运动的比赛是在高60厘米、边长8米的正方形台上进行的，台上铺有软垫，运动员要戴护具，护具包括护头、护肢、护腿、护裆、护脚背和手套，赤脚在台上进行实战性的攻防演练，比赛禁击部位有颈部、裆部，同样不能用肘、膝，不能打后脑，比赛中以得分多少定胜负，但在比赛实战中有一方被击倒后10秒钟若站不起来，对方就是绝对胜利。

一、实战姿势

实战姿势通常也叫作预备式或格斗式，是格斗前所采用的临战运动姿势。它不仅能使身体处于强有力的状态，而且有最佳的快速反应能力，利于快速移动、发起进攻和防守，并且暴露面小，能有效地保护自己的要害部位。

实战姿势分为左实战式和右实战式。以左实战式为例：两脚前后开立，前脚跟与后脚尖距离约同肩宽；左脚全脚掌着地，右脚跟稍抬起，前脚掌着地，两膝稍弯曲，自然内扣，身体重心右移，上体含胸、收腹、扭臀；左臂内屈约90°，拳眼与鼻尖平，右臂内屈约45°，拳置于脖前，两肘自然下垂并稍向里合，下颏内收；目视对方上体（图1）。

图1

二、步法

步法是散手格斗中身体向前后左右移动的方法。灵活而敏捷的步法，不仅是调节重心、维持身体平衡的关键，也是进攻和防守中占据有利位置、发挥最优攻势的基础步法，认真学习和演练是提高实战能力的重要环节。以下步法均以左实战姿势为例。

1. 步法分类

（1）进步：左脚提起，向前进步，右脚迅速蹬地，跟进同样距离。

（2）退步：右脚向后退一步，左脚用力蹬地，迅速后退同样距离。

（3）侧跨步：左脚向左侧横跨一步，右脚内侧蹬地，迅速向左侧横跨跟进同样距离。

（4）内步：左脚前脚掌原地拧动或向左跨步，随即身体左偏，右脚向左前方迅速跟上一步，身体右转约90°。

（5）盖步：右脚经左脚前上步，脚尖外摆，两腿成交叉状，随即左脚向前上步，还原成实战式。

（6）插步：右脚经左脚后向前上步，脚跟离地，两腿略成交叉状，随即左脚向前上步，还原成实战式。

（7）垫步：右脚蹬地向左脚并拢，同时屈膝，左脚提起向前落步，还原成实战式。

（8）击步：双脚蹬地起跳，随即左脚落地，右脚稍后提膝落步，还原成实战式。

（9）换步：前脚与后脚同时蹬地并前后交换，同时两拳也前后交换成右实战式。

2. 步法练习

（1）步法的单独练习：学完一种步法以后，必须通过自己的反复练习揣摩，才能找到要领，熟悉技术并由单独练习逐渐过渡到连续练习。在单独练习熟练后，可以把几种步法组合起来进行综合练习。

（2）结合信号练习：教练员应用掌心掌背的朝向或规定的某一信号，要求练习者做出相应的步法，这种练习既可以巩固步法技术，又可以提高反应能力。两人配合练习，规定一方运用多用步法移步闪退等，而另一方做出相应的移动，使双方距离尽量保持不变。

（3）结合攻防动作的练习：①把步法和各种攻防动作结合练习，提高整体协调配合能力以适应实战的需要；②配对练习，规定一方单招或组合连招进攻，另一方移动摆脱，并寻机予以反击，提高步法的实效性。

三、拳法

拳法技术在散打运动中常用的有直、摆、勾、劈、鞭拳五种，在实战中具有速度快和灵活多变的特点，它能以最短的距离、最快的速度击中对手。拳法益于结合进行训练，并且能任意配合其他技术使用，掌握得好，利用得巧妙，能给对手造成很大的威胁。

1. 直拳

以左直拳为例，左势站立，右脚微蹬地，身体重心稍向左脚移动；同时，转腰送肩，左拳直线向前击出，力达拳面，右拳自然收回下颏前。

实战范例：左右直拳抢攻对方头部。当对方侧弹腿进攻时，左手外挂防守，同时右直拳反击对方头部（图2）。

图2

2. 摆拳

以左摆拳为例。左势站立，上体微向右扭转；同时左臂稍抬起时，前臂内旋向前内弧形出击，力达拳面，屈肘约130°，右拳自然收回下颏前。

实战范例：左拳虚晃，右摆拳抢攻对方头部。当对方右蹬腿攻击我中盘时，左手内挂防守，随即用右摆拳反击对方头部（图3）。

图3

3. 勾拳

以左上勾拳为例。左势站立，上体稍向左侧倾，重心略下沉，左拳微下落，随即左脚蹬地，上体右转，挺腹前送左髋，左拳由下向上屈臂勾击，力达拳面，屈肘约90° ，右拳自然回收于下颏前。

实战范例：假动作虚晃，迅速以上体靠近对方，用上勾拳击其下颌。当对方欲下前抱摔时，迅速后退，用左勾拳反击其头部（图4）。

图4

4. 鞭拳

以右鞭拳为例。左势站立，以左脚前脚掌为轴，身体向后转180° ，右脚经左腿后插步，身体继续右后转，同时以腰带动右臂向右侧横向鞭击，力达拳轮，左拳自然收于下颌前。

实战范例：用左直拳假装进攻对方，随即突然用右鞭拳抢攻其头部，对方用左侧弹腿攻我中盘时，左手内挂防守，同时以右鞭拳反攻其头部（图5～图7）。

图5

图6

图7

四、腿法

腿法内容丰富，分屈伸性、直摆性、扫转性三大部分。格斗中腿法灵活机动，变化多端，攻击距离远，力度大，还具有隐蔽性、突出性攻击部位的特点。在运用腿法攻击时，要求做到快速有力，击点准确。

1. 侧弹腿

以左侧弹腿为例。左势站立，上体稍向右侧倾，重心后移；同时左腿屈膝展髋，大小腿自然折叠，脚背绷直，随即由屈到伸，大腿带动小腿向右前横弹，力达脚背。

实战范例：左侧弹腿佯攻对方下盘，随即右侧弹腿实击对方上盘（图8）。

图8

2. 正蹬腿

以左正蹬腿为例。左势站立，身体重心稍后移；同时左腿屈膝提起，屈肩向前，脚尖上勾，随即从脚跟领先向前蹬出，力达脚跟。

实战范例：用正蹬腿攻击对方上盘，当对方运用侧弹腿攻击时，突然用右正蹬腿抢先攻击对方上盘（图9）。

图9

3. 侧踹腿

以左侧踹腿为例。左势站立，身体重心后移，上体稍右转；同时屈左膝提起左脚，脚尖勾起，随即展髋，使脚掌正对攻击方向，迅速由屈到伸，向前踹出，力达脚跟。

实战范例：以左侧踹腿假装攻击对方下盘，随即用侧踹腿实攻对方上盘；以左侧弹腿假装攻对方下盘，然后转身踹腿攻击对方上盘（图10）。

图10

4. 转身横扫腿

以右转身横扫腿为例。左势站立，重心移到左脚，随即上体右后转360° ，带动右腿直腿由后向前弧线横扫，脚面绷平，力达脚掌。

实战范例：用右侧弹腿假装攻对方下盘，然后用左转身横扫腿攻击其上盘（图11～图13）。

图11

图12

图13

5. 截腿

以右截腿为例。左势站立，重心移到左腿，上体稍左转；同时右摆腿提起，脚尖勾起并外翻，随即向前下方截击。

实战范例：当对方抬腿用腿法攻击时，抢先出腿截击其小腿（图14）。

图14

五、摔法

摔法是在竞技里的格斗中做巧妙的技法使对手倒地的方法，在格斗中，用摔法必须做到快速果断，因为是竞技中的格斗，所以不能给对留下喘息的机会，才能保护自己的有效措施。

（1）抱双腿前顶摔：当抱住对方双腿被对方下压时，迅速屈肘，两手用力回拉，同时用左肩前顶对方髋腹部，将对方摔倒。

（2）抱双腿过胸摔：向前迅速上左步，屈膝弓腰，两手由外向内抱住对方腿根部，向左侧前顶其髋腹部，随即向前上右步，挺腰蹬腿抬头将对方向后摔落。

（3）抱单腿拉腿摔：当抱对方单腿时，被对方下压防守，迅速右手屈肘，回拉对方小腿下方，同时用左肩下压其腿根部，将其摔出。

（4）抱单腿别腿摔：抱对方前腿后，左手迅速前伸，别其后支撑腿，同时右手后拉，向左侧前顶对方将对方拉倒。

（5）夹颈过背摔：屈右臂夹对方颈部，背向对方，两腿屈膝，用右侧髋部紧贴对方前身，然后两腿深蹲，向下弓腰低头，将对方背起后摔倒。

（6）抱腰过背摔：屈右臂抱对方腰部，背向对方，两腿屈膝，用右侧髋部紧贴对方前身，然后两腿深蹲，向下弓腰低头，将对方背起后摔倒。

（7）接腿转压摔：当对方用右侧弹腿踢击时，上左步，左手抄抱对方膝窝处，右手抓其小腿下端，随即撤右步，上体前俯并右转，同时右手向内扳压将其摔倒。

（8）接腿别腿摔：当对方用右侧弹腿踢击时，用右手抄抱其膝窝，左手抓其小腿下端，随即上右脚，至对方左腿后，向右转体，右腿别其支撑腿将其摔倒。

（9）接腿勾腿摔：当对方用右侧弹腿踢击时，左手抄抱其小腿，右手由对方右肩上穿过，下压其颈部，同时左手上抬，右脚向前上方踢其支撑腿，将对方摔倒。

（10）接腿涮摔：当对方用右侧弹腿踢击时，双手抓握对方右脚向左拉，随即向下、向右上方成弧形摆荡将其摔出。

（11）接腿上托摔：当对方用右正蹬腿踢击时，两手抓握对方小腿下端，随即屈臂上抬；两手挟托其脚后，同时上右步，向前上方推展将其摔倒。

（12）切摔：左臂由对方右肩上穿过，向前下压，切压其颈部，将其摔倒。

六、防守法

防守是一种可以节制和削弱对方的攻击，保护自己并能处于反击位置的方法，最终目的是防守后能反击。准确巧妙地防守，不但能保护自己，而且能为攻击创造更好的条件。

（1）拍挡防守：以左拍挡为例。左手掌心向里贴，向里横拍并稍向右转体。

（2）挂挡防守：屈臂，左右手向同侧头部或肩部挂挡。

（3）里抄防守：左右手臂微屈并外放，紧贴腹前，手心向上，同时屈臂，左右手紧贴胸前立掌，掌心向外。

（4）外抄防守：左右手臂外旋弯曲，上臂紧贴肋部。

（5）提膝防守：重心右移，前腿屈膝提起，后腿支撑，上体姿势不变。

（6）截击防守；当对方准备进攻时，用手截腿阻截对方攻势。不接触防守。

（7）后闪防守：重心后移，上体略后仰闪躲。

（8）侧闪防守：上体向左侧或右侧闪躲，或用左右闪步防守。

（9）下潜防守：屈膝降低重心，同时低头缩颈向下闪躲，两手护头。

（10）上跳防守：两脚蹬地，使身体向上跳闪。

七、组合连击

组合连击是运用两个或两个以上的动作，连续攻击对方。连击法共分为拳法连击、腿法连击、拳腿连击、拳摔连击、腿摔连击、拳腿摔连击六种，既可单招连续进攻，又可多招连环击打。

由于技术动作的繁多，所以连击方法千变万化，但组合不是盲目的，要根据动作转换的合理性和实战中运用的可行性、时效性来组合搭配，才能达到连击重创的目的。在运用时要注意真假结合、虚实相接，使对手处于上下左右多点受击之中，防不胜防。另外，要注意动作之间的衔接。一般来说，第一级的结构是第二级的最佳发力点击姿势。

八、技术训练

技术训练是散打整个训练中的核心内容，技术水平的高低决定运动成绩的优劣。良好的身体素质是掌握和提高散打技术的基础，而只有掌握了技术才能有效充分发挥其身体训练水平，二者互为条件。散打基础训练是指击打摔攻防动作的训练，目的是使运动员熟练地掌握这些动作，并能在实战中灵活自如地应用。

（1）原地练习：采用原地练习法重点体会要领，不断揣摩动作的线路、顺序、力点和身体姿势。练习时要自然放松，不要求快速和过度用力，复杂动作可分解练习，由慢到快，逐渐掌握动作的正确方法，不断提高动作质量。

（2）综合步法练习：经过原地练习，基本上掌握了动作规范后要根据实战的需要结合相应的步法练习，提高攻击距离及防守机动性，使技术与实战紧密联系，并使技术动作逐步达到协调准确，为攻守对抗情况下利用技术打好基础。

（3）假设性练习：通过假设想象对手的攻防动作或所处状态而进行相应的进攻或防守反击的打法。进行假想性练习，有一种身临其境面对对手的实战状态，并能提高反应能力、动作速度，培养战斗意志，掌握各种战斗的具体打法。

（4）打固定靶练习：打固定靶练习是一种利用胸靶、手脚靶、沙包等辅助性器材作为击打目标的练习，是改进技术动作和提高动作速度力量的重要手段。要求动作准确快速，用力充分朝目标打击。

（5）打活动靶练习：打活动靶练习是由教练或同伴手持小靶不断变换角度位置和方向的练习。要求练习者反应迅速灵活，运用多种技术进行击打。通过练习可以有效地提高练习者进攻和防守反击的动作质量，提高攻击速度、准确性、距离感，以及反应能力、应变能力，建立稳定条件反射，动作逐渐达到自动化。

（6）条件攻防练习：条件攻防练习规定一方用拳法攻击，另一方防守或腿法攻击，或使用接腿摔等。条件攻防练习针对性强，能有效地训练和提高练习者的某些能力和运用某些方法的能力。

（7）任意攻防练习：如规定力度、速度或与大级别运动员进行比赛，用于提高技法的实战能力，培养在困难条件下技术运用能力，以及敢斗敢拼搏的良好品质，能有效地提高练习者的技术水平及体能，磨炼斗志，同时是总结积累实战经验的有效措施。

第二节　太极推手

太极推手是太极拳运动中的一种双人徒手对练，具有一定的对抗性。太极推手分为定步推手和活步推手两种。经常打太极拳，同时结合推手练习，既能提高太极拳的技术水平，又可借助两人的协作，发展动作的灵活性和反应能力，增强体质。初学太极拳的人，也可兼练太极推手，使两者相互促进、相互提高。练习推手要明确锻炼目的，反对单纯强调胜负而忽视增强体质的作用。

初学太极推手，应由单推手开始。待熟练之后，再练习定步双推手和活步推手。学习过程要由易到难，由简而繁，不要急于求成，贪多求快。练习推手时，动作要求圆活，两臂切勿僵硬。练者双方既不丢开，又不顶撞，做到粘连不脱，彼此相随。

一、推手的基本动作

为了使学习的人易于辨明位置和方向，甲乙二人由开始姿势起，始终不调换位置（活步推手除外）。推手图解中，仍采用掤、捋、挤、按等习惯用语，以便参考原有太极拳的理论，进行研究和改进。

活步推手法，初学时应先固定练习一面，熟练之后，再换手换步。经过一段时期的练习，就能彼此粘连不脱，身灵步活，进退自如，不拘形式地随意变化了。

（一）预备姿势

两人相对站立，成立正姿势，身体各部力求自然、舒适。两人距离以双方握拳、两臂前平举，拳面相接触为标准（图1）。

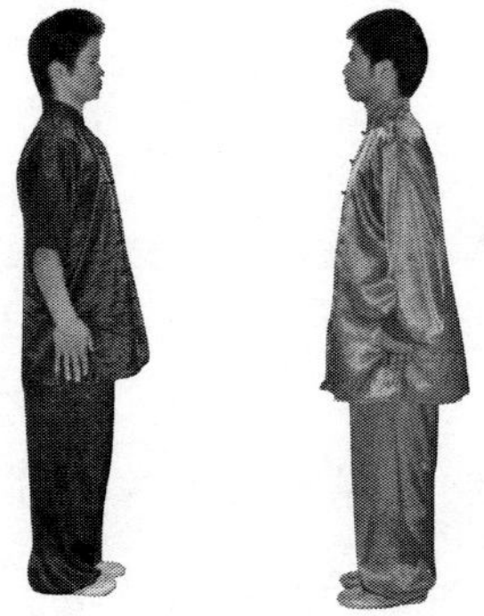

图1

开始姿势：两人各做半面左转，右脚各向前迈一步，两脚内侧相对，两人右脚之间相距10～20厘米。然后，双方右掌各向前举，臂稍屈，手背相对，手腕交叉（通称“搭手”）；双方左手均自然下垂，重心均落于两腿之间。

要点：双方右手腕部接触后，应各合“细劲”，既不可过于用力相抵触，也不可软而无力。

（二）单推手练习法

（1）甲翻转右掌用掌，心向前平推乙的手腕部，同时右腿前弓，重心略向前移，其目的是以右掌向乙的右胸部按（图2）。乙承甲的按劲，用掤劲（不松软，也不僵硬）将右掌向后回收，同时左腿微屈，重心向后移，上体随之向右转动，并以右掌引甲之右手，使其不能触及胸部而落空。

（2）乙用右掌引甲之右掌使其落空，随即翻掌用右掌向前平推甲的手腕部，其目的是要按甲的右胸部（图3）。甲同样用右手承乙的推劲，顺势收回右臂，屈左腿，重心后移，上体右转，使乙的右掌落空（图4）。两人如此循环练习，双方推的路线要成一个平圆形。

图2

图3

图4

用劲方法：甲用“按”劲推乙方时，乙则转腰用“化”劲顺势化开甲的来劲；乙用“按”劲推按甲时，甲同样转腰用“化”劲化开乙的来劲。

要点：“按”时，上体不可过于前倾；“化”时，应转腰缩胯，重心后移，上体切勿后仰。双方手臂经常保持掤劲，屈伸相随，既不要松软和断劲，又不可僵硬顶劲；双方手腕的联系，如胶着，如滑轴；双方左手均要自然活动，以配合腰腿用劲。

（3）双方由开始姿势起（图5），甲翻转右掌用掌心向前、向上推按乙之手腕部，意在推按乙的面部，同时右腿前弓，重心略向前移；乙则随着用掤劲，以右手承甲之来劲，顺势引臂上举，同时左腿微屈，重心略向后移，上体随之右转，将甲的右掌引向头部右侧，使其落空（图6）。

图5

图6

（4）乙顺势将右掌慢慢翻转，向前、向下推按，意在按甲的右肋部；甲同样用右手掤劲承乙之来劲，右臂顺势回收，同时屈左腿，上体随之右转，重心后移，将乙的右手引向体右侧，使其落空。

（5）当甲用右手向乙面部推来时，乙身体稍向右转，同时用右手掤劲，将甲的右手引向头右侧，使其落空，随即顺势向甲的面部前推。甲随之向右转身引乙的右臂，使其落空，然后再翻掌向前、向下推按乙的右肋部（图7、图8）。

图7

图8

这些动作，练习者可以彼此反复循环练习，双方推手的路线成立圆，左右手和左右腿也可轮流交换练习。

（三）双手平圆练习法

预备姿势：双方右手“搭手”后，以左掌扶于对方右肘（图9）。

图9

（1）甲右手翻转，掌心按在乙右手腕上，并向前、向下推按；同时左手在乙右肘部向同一方向推按，其目的是迫使乙右臂贴于他自己的胸前不得活动，通称“按”劲。

乙右臂则用掤劲接承甲按劲，左手在甲右肘部顺势渐向后引，左腿微屈，重心后移，上体微微含胸，同时身体右转，并用右臂将甲方来劲向右引，使甲之按劲落空，通称“化”劲（图10）。

（2）承上势。乙随即翻转右掌，掌心接在甲右手腕上，同时两掌微向前、向下按，其目的和动作与甲用按时相同（图11、图12）。

图10

图11

图12

甲化乙来劲的动作，与乙化甲的动作相同。此式可以反复循环练习。

二、定步推手法

预备姿势：与本节图1相同。

（1）掤劲：开始姿势，双方各用右臂作单搭手式，含抚劲（图13）。

图13

（2）捋劲：甲右手承乙右手掤劲，将右臂后引，右手翻转以手掌贴于乙右手腕处；同时左手抚于乙右肘，顺乙之来势，屈左腿，收胯，转腰（向右），两手引乙右臂，成向右的捋式动作。

（3）挤劲：乙顺甲之捋势，右腿微屈，重心略向前移，同时左手掌附于右臂内侧，以右前臂平挤甲胸部，其目的是使甲的捋劲不发生作用而改变方向，同时使其两手被迫于胸前失去作用（图14、图15）。

图14

图15

（4）按劲：甲顺乙之来势，屈左腿，含胸，向左转腰、收胯，同时两手按乙右臂，向下、向左化开乙的挤劲，使其落空。甲右手随即移至乙左肘部，左手移至乙左腕部，甲化乙来劲的动作，与乙化甲的动作相同，可以反复循环练习。

三、活步推手法

（一）活步推手一（进三退二）

预备姿势：开始姿势与定步的开始姿势基本相同，唯双方搭手时，甲左脚在前，乙右脚在前（乙右脚在外，左脚在内）成顺步姿势。双方搭左手，成交叉；右手均抚双方的左肘尖，甲用左臂做挤式，乙做捋式。

（1）乙右脚前进一步，落于甲左脚内侧，同时两手按甲右臂（图16）。

图16

（2）甲左脚退后一步，右手从左肘上接己右手，同时左手从左下方绕出抚于乙右肘处，准备变捋式；乙顺甲之捋式左脚再进一步（第二步），落在甲的右脚外侧准备做挤式（图17～图19）。

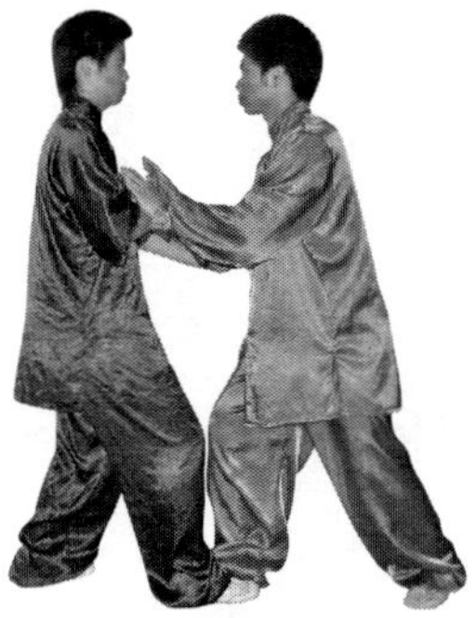

图17

图18

图19

（3）甲右脚再退一步（第二步），同时两手引乙的右臂向右，转身成捋式。乙随甲的捋式动作，右脚再进一步（第三步），落于甲左脚内侧，右腿前弓，两臂仍成挤式。甲右腿稍屈，重心后移，收胯成按式。

（4）甲趁乙向前挤动作，微向左转腰，同时左脚提起落在乙右脚内侧（甲前进第二步）。

（5）乙随即退回右脚，同时右手由下面绕出，扶在甲的左肘部向回捋：甲被乙捋时，右脚顺势再进一步，落于乙的左脚外侧（甲前进第二步）。

（6）乙捋甲左臂，同时退回左脚，甲顺势再进左脚落于乙的右脚内侧，甲又变为挤的动作，乙又变为按的动作（还原成活步推手）。

此法，前进三步，后退两步，亦称“五步二人抢”。前进者由按变挤，后退者由掤变捋，双方进退变化中须各含掤劲，并做到粘连不脱，循环无穷。

（二）活步推手二（进三退三）

预备姿势及开始姿势与定步推手完全相同。

（1）双方均右脚在前，甲先用左臂向乙胸前挤去，右手附在左臂肘部内侧辅助挤的动作，右腿前弓；乙缩胯、含胸做按式动作，同时右脚略提起向前落，甲顺势左脚提起向后退一步。然后，乙再进左脚，甲再退右脚，两臂的动作与“进三退二”练习法完全相同。接着，乙再进右脚，甲再退左脚。整个过程是：甲由挤的姿势，经过掤、捋变为按式；乙两臂由按的动作变为挤的动作。

（2）甲进乙退与乙进甲退的动作相同，唯甲改为先进右脚，乙改为先退左脚。

练习方法：与前述“进三退二”的练习方法基本相同，即前进者由按变挤，后退者由掤变捋。不同之处是，这种方法前进和后退均为三步，而且开始时双方都是右脚在前。

进退步法：搭手后，前进者前面的脚先进第一步，后退者后面的脚先退第一步，这才可以形成进三退三的步法。

（三）活步推手二（大捋）

预备姿势：与单推手的预备姿势相同。

开始姿势：双方均以右臂做搭手的姿势。

（1）甲翻转右手虚握乙右手腕，左手腕部抚在乙的右肘上。同时，以左脚掌为轴，脚跟外转，右脚随之收回半步，靠在左脚的内侧，身体也随即半面立即跟进半步，靠拢右脚，同时重心稍向前。

另外一个方法是：在甲捋时，乙先把右脚进半步。

（2）甲顺势将身体向右后转，右脚也随之向右后方退一步，同时两手随身体的转动继续用捋，使乙受此牵动两脚不能自主。乙受此牵动，左脚顺势再前进一大步，开始做靠式动作。此时，乙受甲的捋劲所迫，重心尚未稳定。

（3）乙顺甲的捋劲，右脚再进一步，落在甲左脚内侧（甲之裆内），重心略向前落于右腿上，同时左手附于右臂内侧，用肩劲靠向甲胸前。

（4）甲顺乙靠势，先用左前臂（肘劲）外旋截住来劲，身体随之略右转，化开乙的靠劲，然后再含胸、转腰（向左），重心移向右腿，同时两手由捋变按（左手按乙的左手，向下採劲，右手按乙的左肘部），左脚提起抢进一步，落于乙右脚的内侧（图20、图21）。

图20

图21

（5）乙顺甲的按势，以左手背承接甲的左手，右臂自左手下抽出，捋于甲左肘；同时右脚收回半步，落在左脚内侧，身体稍向左转，由靠式变式。而甲左脚仍在前，左腿顺势微向前弓，重心微向前移。

（6）乙顺势将身体向左转，同时左倾向左后方退一步，两手继续做捋式（左手虚握甲的左手腕，右手腕部抚于甲的左肘上，甲顺乙的捋式，右脚前进一大步，重心稍向前移并落于右腿（图22）。

图22

（7）甲左脚顺势再进一步，落在乙右脚内侧（乙的裆内），重心稍向前落于左腿上，同时右手附于左臂内侧，用肩劲靠向乙胸前。

以上动作，甲、乙各进退一次，称为一循环。依此动作与方法，乙又抢进右脚变按，甲再退步变捋，反复循环，以至无穷。

大捋的换手法（挒掌，意即转移被攻或被动局面），甲被乙靠近身体时，一方面用左前臂（肘劲）旋转，化开乙的靠劲，另一方面应迅速右掌顺势直扑乙的面部（是谓挒掌，也称扑面掌或闪掌）。此时，乙的右臂应顺势由面前上举，接承甲之右手并轻握其手腕部，左手腕部抚于甲右肘，同时身体向右转，右脚收回落于左脚内侧，两手随同身体转动之势开始做捋式。甲方承乙之捋式，右脚前进一步，重心略向前，落在乙两脚的前面。

（8）乙身体顺势向右转，右腿顺势向右后方再退一步，两手继续做捋式。甲被乙的捋式所引，左脚前进一大步，重心稍向前移，右脚顺势再进一步落于乙左脚的内侧（乙之裆内），同时左手附于右臂内侧，两臂做挤式，靠向乙胸前。

此法与前述大捋的进退步法基本相同，前者捋式动作，甲捋乙的右臂，乙则捋甲的左臂，其间转换方法，系以抢进一步由捋变肘再变按，化对方的靠劲。后者（右式）捋式动作均为对方右臂，其转换方式，均以右手扑面掌为关键。

如果在乙被甲挤时，乙用左手扑甲面部（即挒掌），甲则用左手接乙的左臂向左转身变捋式。乙顺势进步，用左臂向甲胸部靠去，而后彼此都可以用左手扑面，则双方被捋者都是左臂。

思考、作业题

1. 散打的基本技术包括哪些内容？
2. 简述散打预备姿势的技术要求。
3. 散打步法在攻防格斗中有什么作用？
4. 散打拳法和腿法技术中常用的动作方法有哪些？
5. 简述攻防技术教学的步骤和教学应注意的问题。
6. 太极推手包括哪些技术？各技术的动作要点是什么？

参考文献

[1] 中华人民共和国国务院办公厅. 全民健身计划纲要[J]. 中华人民共和国国务院公报，1995（16）：1-3.
[2] 中华人民共和国国务院办公厅. 中共中央国务院关于深化教育改革全面推进素质教育的决定[J]. 中华人民共和国国务院公报，1999（19）：2-6.
[3] 国家体委武术研究院. 中国武术史[M]. 北京：人民体育出版社，1997.
[4] 全国体育院校教材委员会. 武术理论基础[M]. 北京：人民体育出版社，1997.
[5] 人民体育出版社. 太极拳运动[M]. 北京：人民体育出版社，1995.
[6] 体育学院普修通用教材编写组. 武术[M]. 北京：人民体育出版社，1988.
[7] 体育学院专修通用教材. 武术[M]. 北京：人民体育出版社，1990.
[8] 人民体育出版社. 武术[M]. 北京：人民体育出版社，1997.
[9] 全国体育学院教材委员会. 运动生理学[M]. 北京：人民体育出版社，2000.
[10] 中国武术散手编写组. 中国散手[M]. 北京：人民体育出版社，2002.
[11] 教育部. 全日制普通高级中学课程计划（试验修订稿）[N]. 2000.
[12] 教育部. 全日制普通高级中学体育与健康教学大纲（试验修订版）[N]. 2000.
[13] 九年制义务教育教材编写组. 体育与健康[M]. 天津：天津教育出版社，2001.
[14] 人民教育出版社体育室. 体育与健康[M]. 北京：人民体育出版社，2002.
[15] 祝大彤，薛秀英. 太极内功解秘[M]. 北京：人民体育出版社，2004.
[16] 中国人民共和国国家体育运动委员会. 1996武术套路竞赛规则[M]. 北京：人民体育出版社，1996.
[17] 黄康辉. 跟冠军学推手[M]. 北京：北京体育大学出版社，1998.
[18] 张山. 中国太极推手[M]. 北京：人民体育出版社，1999.
[19] 蔡龙云. 剑术[M]. 江西：江西人民出版社，1983.
[20] 李天骥，李德印. 形意拳术[M]. 北京：人民体育出版社，1981.
[21] 马明达. 说剑丛稿[M]. 甘肃：兰州大学出版社，2000.
[22] 张肇平，杜飞虎. 论太极拳[M]. 北京：北京体育大学出版社，2002.
[23] 单锡文. 武术普修教程[M]. 北京：中国科学文化出版社，2004.
[24] 蔡仲林，周之华. 武术高等学校教材[M]. 北京：高等教育出版社，2001.
[25] 中国武术段位制编写组. 初段位技术教程[M]. 北京：北京体育大学出版社，1997.

[26] 中国武术大辞典编辑委员会. 中国武术大辞典 [M]. 北京：人民体育出版社，1990.
[27] 张奇. 张三丰原式太极拳 [M]. 北京：北京体育大学出版社，2002.
[28] 余功保. 精选太极拳词典 [M]. 北京：人民体育出版社，1999.
[29] 卢伟光. 中国内家拳 [M]. 海南：海南摄影美术出版社，1995.
[30] 邱丕相，等. 中国武术教程 [M]. 北京：人民体育出版社，2004.